绍兴文理学院出版基金资助

Research on Personalized Investment
Recommendation in Internet Financial Market

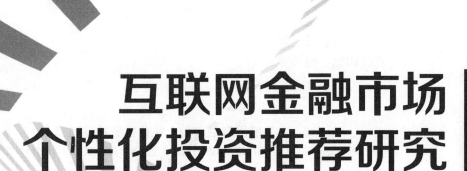

# 互联网金融市场
# 个性化投资推荐研究

游运　朱辉◎著

中国财经出版传媒集团
经济科学出版社
Economic Science Press
北京

图书在版编目（CIP）数据

互联网金融市场个性化投资推荐研究/游运，朱辉著.
－－北京：经济科学出版社，2023.9
ISBN 978－7－5218－5214－1

Ⅰ.①互…　Ⅱ.①游…②朱…　Ⅲ.①互联网络－应
用－金融投资－投资分析－研究　Ⅳ.①F830.59－39

中国国家版本馆 CIP 数据核字（2023）第 188511 号

责任编辑：杨　洋　赵　岩
责任校对：易　超
责任印制：范　艳

**互联网金融市场个性化投资推荐研究**
HULIANWANG JINRONG SHICHANG GEXINGHUA TOUZI TUIJIAN YANJIU
游　运　朱　辉　著
经济科学出版社出版、发行　新华书店经销
社址：北京市海淀区阜成路甲 28 号　邮编：100142
总编部电话：010－88191217　发行部电话：010－88191522
网址：www. esp. com. cn
电子邮箱：esp@ esp. com. cn
天猫网店：经济科学出版社旗舰店
网址：http：//jjkxcbs. tmall. com
北京季蜂印刷有限公司印装
710×1000　16 开　10 印张　150000 字
2023 年 9 月第 1 版　2023 年 9 月第 1 次印刷
ISBN 978－7－5218－5214－1　定价：70.00 元
（图书出现印装问题，本社负责调换。电话：010－88191545）
（版权所有　侵权必究　打击盗版　举报热线：010－88191661
QQ：2242791300　营销中心电话：010－88191537
电子邮箱：dbts@ esp. com. cn）

前言 | PREFACE

　　对于互联网金融市场投资者来说，如何选择真正符合自己需求与偏好的投资项目并进行投资额的合理分配，是他们投资决策的关键问题。随着平台发展规模的日益壮大，项目品种的日益繁多，投资者所面临的决策相关信息剧增。市场"信息过载"、市场关键决策信息不完全、市场噪声等往往使投资者陷入决策困境。通过互联网金融市场个性化投资推荐，可节约投资者信息搜寻的成本，提高投资者信息识别、查询和分析的效率，辅助投资者有效决策。目前，关于互联网金融个性化投资推荐相关研究较少，已有的研究主要是侧重在项目的违约风险预测、投资相似度计算及投资能力分析等方面，缺乏对互联网金融市场中与投资者投资决策行为密切相关的知识的有效发掘与应用，这将不利于把握投资者的投资动向，影响个性化投资推荐的有效性。

　　鉴于此，本书从市场投资者的行为特点及决策问题出发，分析投资者决策行为影响因素，依据互联网金融市场的历史交易数据及各对象之间的关联信息，分别从社会网络、羊群行为、投资者风险偏好等角度发掘有助于把握投资者投资需求与决策偏好的知识，设计相应的投资者决策行为影响因子，并将之应用于个性化投资推荐算法设计，以有效把握投资者决策行为动向与投资偏好，提高互联网金融市场个性化投资推荐整体性能，进一步促进互联网金融市场长期良性发展。

本书的主要研究内容有以下几点：

（1）构建互联网金融市场对象关联网络模型，发掘借款人朋友网络风险特征。由于互联网金融市场的关键决策信息的不完全，投资者在进行投资决策时，互联网金融市场在线社会网络中所传递的大量的市场信息和经济信号将对其投资策略选择产生重要影响。因此，本书从投资者行为特点及决策行为影响因素出发，依据互联网金融市场历史交易数据及对象属性信息，分析主要对象之间的各种关联关系，构建互联网金融市场对象关联网络模型；基于互联网金融市场对象关联网络模型，分析借款人的朋友关系，发掘其中与项目违约风险显著相关的特征，即借款人朋友网络风险特征，并对这些特征的违约风险预测价值进行验证，为后续的项目违约风险预测及投资组合推荐提供支持。

（2）设计投资者朋友投标行为影响因子，构建考虑朋友关系的个性化投资推荐框架。投资者的投资决策行为不仅与项目的投资相似度和投资者能力有关，而且在很大程度上还会受到互联网金融市场社会网络中的其他市场参加者（特别是有投资能力的直接朋友）投资行为的影响。本书基于互联网金融市场对象关联网络模型，发掘考虑投资者朋友关系的投资者和项目相关概念特征，分别构建对应的概念模型，并在此基础上发掘有助于把握投资者决策行为动向的具有决策价值的知识，将其转化为可应用于投资推荐的决策变量，即投资者朋友投标行为影响因子；基于考虑投资者朋友关系的投资者和项目概念模型及投资者朋友投标行为影响因子，针对投资者投资项目选择问题，构建考虑投资者朋友关系的个性化投资项目推荐模型；综合考虑投资者朋友投标行为影响因子及借款人朋友网络风险特征，针对投资者投资项目选择及投资额分配问题，设计综合考虑朋友关系的个性化投资推荐方案。

（3）设计项目理性投资羊群行为因子，构建考虑市场羊群行为及理性投资的个性化投资项目推荐框架。对于互联网金融市场的大多数投资者，特别是非专业的投资者而言，当获取和有效分析相关决策信息（如与项目违约风险相关的信息）需要花费较高的成本时，为了降低由于不利选择所带来的预期投资风险，投资者在进行投资决策时往往会寻求获取或分析成本相对较低的市场信号（如能够反映市场中绝大多数投资者策略选择的相关信息）作为决策依据，有时甚至会完全忽视自己的私人信息，采取羊群行为，即在互联网金融市场中，投资者在投资决策时往往会不同程度地受到市场羊群行为的影响。本书基于互联网金融市场对象关联网络模型，发掘考虑市场羊群行为的投资者和项目相关概念特征，分别构建对应的概念模型，并在此基础上发掘有助于把握投资者决策行为动向的具有决策价值的知识，将其转化为可应用于投资项目推荐的决策变量，即项目理性投资羊群行为因子；基于考虑市场羊群行为的投资者和项目概念模型及项目理性投资羊群行为因子，针对投资者投资项目选择问题，构建考虑市场羊群行为及理性投资的个性化投资项目推荐模型。

（4）分析投资者风险厌恶程度差异，构建基于投资者预期效用最大化的投资组合优化模型。组合投资理论和实践表明，投资者在不确定的市场环境中对风险通常持谨慎保守态度，即大多都是风险厌恶者，但不同的投资者风险厌恶程度有所不同。在金融领域中，当面临不确定的投资环境时，投资者的决策行为往往会受到其风险厌恶程度的影响，在实际投资决策过程中往往更愿意选择使其预期效用最大化的投资决策方案。本书基于互联网金融市场对象关联网络模型，分析互联网金融市场投资者的风险厌恶程度的差异及其对投资者决策行为的影响，并在此基础上发掘有助于把握投资者决策行为动向的知识，将其转化为可应用于投资组合优化的决策变量，即投资者风险厌恶系数；基于投资者风险厌恶系数及借款人朋友网络风险特征，针对投资者投资额分配问题，设计了基于投资者预期效用最大化的投资组合推荐算法。

本书的创新性工作主要体现在以下几个方面：

（1）构建了互联网金融市场对象关联网络模型，发掘与投资决策相关的投资者及项目相关概念特征，定义了投资者决策行为影响因子。依据互联网金融市场历史交易数据及对象属性信息，分析互联网金融市场主要对象之间的各种关联关系，构建互联网金融市场对象关联网络模型，并在此基础上分别从社会资本、羊群行为和风险偏好等多角度发掘与投资决策相关的投资者及项目相关概念特征，定义投资者决策行为影响因子，为后续的个性化投资推荐提供支持。主要包括四个方面：一是基于借款人朋友关系定义借款人朋友网络风险特征，以帮助提高项目违约风险预测的有效性，为后续的投资组合优化提供支持；二是基于投资者朋友关系定义投资者朋友投标行为影响因子，以尽可能考虑投资者朋友投标行为对其决策行为的影响，有效把握投资者投资决策兴趣与偏好；三是考虑市场羊群行为对投资者决策行为的影响，定义项目理性投资羊群行为因子，以提高投资项目推荐的质量，引导投资者理性投资；四是考虑投资者风险厌恶程度差异对其决策行为的影响，定义投资者风险厌恶系数，为后续的投资组合优化提供支持。

（2）基于投资者决策行为影响因子，设计了两个个性化投资项目推荐方法。在传统的协同过滤推荐方法的基础上，针对投资者投资项目选择问题，分别从互联网金融市场社会网络关系及市场羊群行为的角度，提出考虑互联网金融市场投资者朋友关系的投资项目推荐方法和考虑互联网金融市场羊群行为及理性投资的投资项目推荐方法；提出了新的评价指标，以综合评估该方法的投资推荐质量。

（3）基于投资者决策行为影响因子，设计了两个个性化投资组合优化方法。在传统的互联网金融投资组合推荐算法的基础上，进一步考虑借款人朋友关系及投资者风险偏好差异对投资者决策行为的影响，针对投资者投资额分配问题，分别在引入借款人朋友网络风险特征和投资者风险厌恶系数的基础上，提出考虑借款人朋友网络风险特征的投资组合推荐方法和考虑投资者预期效用最大化的投资组合推荐方法；提出了新的评价指标，以评估该模型的投资决策满意度、经济效益和效用。

　　将本书所提出的个性化投资推荐方法的推荐结果与其他基准模型的推荐结果进行对比分析，以综合评价其推荐效果。在 Prosper 平台真实数据的基础上进行了详细的实验测试，结果表明本书所提出的个性化推荐方法相较于传统的投资推荐方法具有更好的推荐效果。

# 目录 | CONTENTS

# 引　言

本章从投资者决策视角出发，简述了互联网金融市场个性化投资推荐的研究背景及意义，对有助于辅助互联网金融市场投资者投资决策的相关研究进行了梳理和分析，针对当前研究存在的问题与不足，提出了本书的主要研究内容及研究思路，对本书的总体研究布局进行了介绍。

## 1.1 研究背景与意义

互联网金融是基于因特网的一种新型金融模式，该平台将拥有闲散资金的社会成员与资金的需求方联系起来，不仅为中小企业融资和小额借贷提供了一个新的解决方案，也为社会成员提供了一种新的投资途径。2005 年佐帕（Zopa，2005）在英国成立，标志着网络借贷时代的到来，随后普罗斯珀（Prosper）金融科技公司和贷款俱乐部（Lending Club）在美国相继成立并迅速扩张；近年来，随着网络技术及互联网金融行业的快速发展，我国的互联网金融市场发展迅猛。由于互联网金融市场能拓宽传统金融机构的融资渠道，降低市场交易成本，提高市场交易效率及预期投资回报等特点，不管是国内还是国外，该类市场发展迅猛，同时也成为了研究的热点之一。对于互联网金融市场潜在投资者来说，其决策问题主要包括两个方面：一是如何从众多的投资项目中选择真正符合自己投资需求与偏好的投资项目；二是如何将自己的资金合理分配于所选项目。

在互联网金融平台中，贷款人（也称为投资者）为了保证投资的经济效益，往往会将借款人及项目的风险水平作为其投资决策的重要市场信号。目前，关于借款人及项目风险的研究较多。这些研究通过对平台中的借款人与项目的风险及其相关因素进行研究，帮助潜在的投资者有效识别和获取具有决策价值的相关信息信号。然而，随着平台发展规模的快速扩张，可投资项目品种的日益繁多，项目风险相关信息量剧增。一方面，由于市场规模的扩张，"信息过载"、投资者关键决策信息不完全与非对称等问题使得投资者，特别是众多的非专业的投资者陷入决策困境，仅提供平台中的借款人及项目风险评价的相关信息，远不足以使他们摆脱这种困境，进而做出有效的投资决策。另一方面，不同的投资者的投资需求与偏好存在差异性，仅为所有投资者提供项目风险相关信息或统一拟定一份总体推荐投资项目列表已不能满足当前投资者的个性化投资决策需求。

通过互联网金融市场个性化投资推荐，不仅可以帮助投资者节约信息搜寻的成本，提高信息查询和分析的效率，快速搜寻满足自身需求的投资项目，使其在一定程度上摆脱由于"信息过载"、不利选择所带来的决策困境，还可以依据投资者自身历史投资行为相关数据，预测投资者的投资需求与偏好，为不同的投资者提供个性化的投资决策服务。个性化投资推荐已经成为了当前互联网金融投资推荐系统务必具有的重要功能。目前，针对互联网金融市场个性化投资推荐方法的研究，大多是从项目的风险水平、项目投标者的投资能力及项目投资相似性等方面展开，往往忽视了与个体投资者决策行为密切相关的关键因素，如投资者对待风险的态度、投资者决策时的从众心理、市场羊群行为、平台社会网络关系等对投资者决策行为的影响，这无疑将影响个性化投资推荐的有效性，降低推荐系统的服务性能。具体表现在以下 3 个方面。

（1）互联网金融市场中的在线社会网络信息对投资者决策行为的影响。互联网金融市场中的在线社会网络，如朋友网络，有别于传统的社会网络，该网络中的注册用户之间可以不受时空的限制自由地组织联系、快速地进行信息分享和市场交易，并由此建立各种关联。微观社会资本理论认为社会网络中的投资者投资决策行为容易受到其社会地位状况及关系指向特征的影响。由于互联网金融市场关键决策信息的不完全或整体质量不高，投资者在进行投标决策时，朋友网络中所传递的大量的市场信息和经济信号将影响其投资决策行为及最终经济效果。因此，分析投资者的投资决策行为，不仅需要考虑投资相似性和项目投资者能力，还需分析在线社会网络中的其他市场参加者（特别是有投资能力的直接朋友）投资决策的影响。

（2）投资者风险类别对其投资决策行为的影响。依据经济学相关理论，市场参加者按其对待风险的态度可分为风险厌恶者、风险中性者和风险爱好者。组合投资理论和实践表明，投资者大多属于风险厌恶者，即在不确定的市场环境中对风险大多持谨慎保守态度。由于投资项目收益与风险大多正向相关，市场中不同的投资者的风险承受能力也有所不同。一方面，市场投资者在投资决策时，会在保证收益的情况下尽可能地降低自己的投资风险；另一方面，市场投资者投资决策时，往往还会依据自身的风险承受能力，选择利益最大化的投资方案。因此，在金融领域中，当投资者面临不确定的投资环境时，其投资决策行为往往会受到其风厌恶程度的影响，在投资决策时往往更愿意选择使其预期效用最大化的决策方案。

（3）市场羊群行为对投资者的投资决策行为的影响。由于获取和有效分析相关决策信息（如项目违约风险预测相关信息）需要花费较高的成本，互联网金融市场往往存在信息的不完全与非对称。为了降低由于信息不完全与非对称所带来的投资风险，大多数投资者，特别是非专业的投资者，在进行投资决策时往往会寻求获取或分析成本相对较低的市场信号（如能够反映市场绝大多数投资者策略选择的相关信息）作为决策依据，采取羊群行为。当前大多数实证研究表明，金融市场投资者羊群行为非常普遍。在互联网金融市场中，羊群行为作为一种客观存在的非理性的行为，它的存在将改变投资者的投资偏好，影响投资者的决策行为和投资有效性。

鉴于此，本书通过分析互联网金融市场投资者行为特点、关键决策问题及投资者决策行为影响因素，并以此为导向从平台社会网络、市场羊群行为及投资者风险偏好等角度探索有助于准确把握投资者投资需求与动向，有利于提高投资者投资效果及市场运行效率的有用知识以及提升互联网金融市场个性化投资推荐性能的有效途径。具体研究目标如下。

（1）通过互联网金融市场主要对象关联分析，构建互联网金融市场对象关联网络模型，以投资者决策行为影响因素为导向，从平台社会网络、市场羊群行为及投资者风险偏好等多角度发掘其中有助于把握投资者决策行为动向的相关概念特征，定义投资者决策行为影响因子。

（2）设计基于投资者决策行为影响因子的互联网金融投资项目推荐方案。

（3）构建基于投资者决策行为影响因子的互联网金融投资组合优化模型。

（4）设计新的评价指标，用于评价投资推荐的投资决策效果、投资效用与投资满意度。

本书将以国外知名互联网金融平台的对象关联信息及实际历史交易相关数据为数据源，通过对平台主要对象的关联关系进行分析，发掘投资者及项目相关概念特征，设计考虑投资者决策行为的互联网金融个性化投资推荐框架，具有以下研究意义：

（1）分别从平台社会网络、市场羊群行为和投资者预期效用等多个角度发掘项目及投资者相关概念特征，对互联网金融个性化投资推荐模型扩展进行了研究和探索。

（2）以优化互联网金融个性化投资推荐服务性能及提高投资者决策有效性为目标，以市场投资者决策问题为出发点，对如何改善投资推荐系统的推荐服务性能，提高投资者的投资效益与投资效用，引导投资者理性投资进行了研究。

（3）以投资者决策行为影响因素为导向，对互联网金融平台的对象关联信息与历史交易相关数据进行分析，深入挖掘有助于把握投资者投资动向的有用知识，为满足投资者投资决策需求，进一步提高投资者的投资有效性提供支持。

（4）提出的模型、算法、方法及评价指标可以应用于其他类似平台的投资决策知识发掘与个性化投资推荐方案设计。

## 1.2　国内外研究现状概述

互联网金融作为一种新型的网络金融模式，由于具有低成本、高效率、高风险、高回报等特点，不管是国内还是国外，该类市场发展迅猛，同时也成为了学术研究的热点。至今，关于互联网金融相关研究大致从运营模式、市场交易影响因素、市场参加者行为、信用风险及市场监管、投资策略及推荐服务等方面展开。目前，随着互联网金融市场的日渐成熟，一方面，欧美国家互联网金融已经进入了稳定发展时期，另一方面，由于市场监管的逐步规范，我国的互联网金融已经由"野蛮生长"阶段逐步迈向"合规生长"阶段，国内互联网金融市场投资者关注的重心已然发生了转变，即由专注平台选择逐步转向可靠投资项目的选择上。

因此，不管是国内还是国外，如何获取有效的投资决策相关信息，进行投资项目的有效选择及投资额的合理分配，势必成为互联网金融市场潜在投资者关注的关键决策问题。然而，随着平台发展规模越来越大，项目品种的日益繁多，决策相关信息量剧增。"信息过载"将使得投资者，特别是众多的非专业的投资者陷入决策困境。如何帮助潜在的投资者进行有效决策，以降低他们的投资风险，提高他们的投资回报，是互联网金融市场投资推荐过程设计的核心目标，与之相关的研究主要包括以下几个方面。

### 1. 项目风险影响因素相关研究

相对于传统的金融市场，互联网金融市场信息不完全与非对称问题更为突出，投资者在该市场进行投资决策往往面临着严重的不利选择，这将加大投资者的决策风险，降低市场的运行效率。对于互联网金融市场投资者来说，为了保障投资收益，降低投资风险，项目风险程度的高低往往是他们投资决策的重要市场信号。通过分析项目风险影响因素，可在一定程度上帮助投资者规避由于市场关键决策信息不完全或非对称所带来的不利影响，提高投资决策效率。目前，关于项目风险影响因素相关研究较多，主要是从"硬"信息和"软"信息两个角度展开。其中，"硬"信息是指网络借贷平台中可公开获取、结构化存储和便于传播的可定量化的信息，主要包括财务信息（如项目借款金额、借款期限、借款利率、借款人信用等级等方面，通常对市场交易行为影响显著）与非财务信息（如借款人性别、借款人年龄、借款人种族、地区等方面）两大类；"软"信息是指在互联网金融平台公开但暂时没有量化的信息，主要包括社会资本信息与非社会资本信息两大类。

首先，基于"硬"信息的项目风险影响因素相关研究。克拉夫特（Klafft et al.，2008）和克鲁姆（Krumme et al.，2009）等分别研究了借款人收入、借款人负债、信用评分等传统的财务指标对项目贷款利率和融资效率的影响，进而从侧面反映了这些因素与项目风险之间的关联；廖理等（2014）的研究表明，借款人所提供的借款利率能够在一定程度上反映其项目的违约风险，可作为投资者决策的重要参考因素。

塞拉诺辛卡等（Serranocinca et al.，2015）利用 Lending Club 平台数据，主要从财务信息的角度，借助单变量测试、生存分析和 Logistic 回归等方法，对借款人的年收入、债务情况、借款数量、住房状态、借款目的、信用等级等因素进行分析，研究发现借款人的借款目的、年收入、信用等级、住房状态及债务情况与项目是否违约显著相关，其中信用等级与借款人的债务水平具有较强的项目违约风险预测价值；埃梅克特等（Emekter et al.，2015）依据 Lending Club 相关数据进行分析发现，借款人信用等级、债务收入比、FICO 评分、循环额度比等也与项目是否违约关系密切；陈霄等（2013）、顾慧莹等（2015）、肖曼君等（2015）对借款人职业、收入、受教育程度、居住地、性别、年龄及项目借款金额、借款期限、借款利率等多项指标进行了分析；苏亚等（2017）依据人人贷平台历史交易数据，借助二元 Logistic 回归模型，分析借款人违约行为影响因素，实证研究结果表明，借款人的违约风险与其年龄、借款金额、借款利率、逾期次数显著正相关，与其学历、信用等级显著负相关；蒋翠清等（2017）依据互联网金融市场真实数据，利用主题模型从平台文本信息中提取项目违约风险相关变量并进行量化，通过引入随机森林方法进行实证研究，结果发现，通过对文本信息中具有项目风险预测价值的知识进行挖掘有利于提高项目违约风险预测的准确率；关于非财务信息对项目违约风险影响的研究主要集中在对融资效率及借款利率等方面，如果研究实验数据来源不同或者研究的侧重点有出入，则研究结果之间会存在较大差异。

拉里莫尔等（Larrimore et al.，2011）研究了项目列表中的相关语言表述特点，发现借贷双方信任关系的建立与借款人的表述能力有关，并就此提出了增强项目相关描述说服力的建议；波普等（Pope et al.，2011）通过对种族、年龄、性别等相关因素进行研究，发现在贷款成功率方面黑人要低于白人，男性低于女性，60 岁以上的借款人和 35 岁以下的借款人要低于 35 ~ 60 岁的借款人；而波茨奇等（Pötzsch et al.，2010）指出种族和性别等特征并非成功获取贷款的决定因素。

其次，基于"软"信息的项目风险影响因素相关研究。在互联网金融市场中，基于"软"信息的项目风险影响因素研究大多从社会资本这一角度展开。布特纳姆等（Putnam et al.，1993）对社会资本进行了定义，认为"社会资本是通过协调的行动来提高经济效益的社会网络、信任和规范"。随着社交媒体技术的发展与普及，社会网络将对大众的决策行为产生重要影响。因此，关于互联网金融社会网络相关研究已逐渐成为互联网金融研究的热点之一。

弗里德曼（Freedman，2008）通过对社会关系网络中的信息问题进行研究，发现社会关系网蕴含了大量有价值的信息，有助于帮助投资者识别借款人及相关项目的潜在的风险；投资者更倾向于信任拥有较好社会资本的借款人；拉维纳（Ravina，2008）通过分析借款人与贷款人的相似性，发现当借款人与贷款人相似性越强，双方达成交易的可能性越大，进而从侧面反映了社会关系网在预测项目违约风险方面的作用；埃雷罗 - 洛佩斯等（Herrero - Lopez et al.，2009）研究发现当财务特征不足以使得该借款请求项目有异于其他项目而成功融资时，通过培育社会特征将增加项目成功融资的可能性；王辉等（Wang et al.，2009）研究发现群组内的借款人对应的项目违约风险更低；科利尔等（Collier et al.，2010）发现贷款群组的规模越大，贷款风险越低；张等（Zhang et al.，2012）研究发现，由于互联网金融市场信息的不完全与非对称，投资者可借助社会资本中所蕴含的信息辅助决策，在有效缓解借贷双方的信息不对称的同时，可提高市场运行的效率；陈等（Chen et al.，2012）通过分析 Prosper 和中国拍拍贷的相关数据发现，不仅传统的财务特征和人口特征对贷款结果有重要影响，社会网络信息的作用也不容忽视，相对于美国，中国社会网络信息影响更加深远；弗雷里希斯等（Frerichs et al.，2013）通过研究发现，群组规模与借款人的融资成功概率相关，处于小规模的群组的借款人融资成功的可能性更大。

林等（Lin et al.，2013）通过研究发现关系型社会资本（如"强关系"网络、第三方认证关系网络等）可降低由于市场信息不完全与非对称所引发的不利选择风险；莱翁等（Leung et al.，2014）对群组的相关内容进行研究发现，群组借款人的质量与群组的声誉、群组是否提供信息验证、群组的规模和群组分类标签数量等因素有关，将影响其融资效率；高等（Gao et al.，2014）利用语言文本挖掘相关技术，对借款人的语言特征，如语言表述的可读性、主体性、语言情绪及欺骗性等进行分析，发现借款人的语言特征可在一定程度上反映借款人的信用程度；缪莲英等（2014）依据 Prosper 借贷平台相关数据，从推荐关系、群组及朋友关系等角度分析社会资本对项目违约风险的影响，研究结果表明，互联网金融市场中，项目被推荐的次数，项目从属的借款人是否加入群组及项目从属的借款人的朋友数量等社会资本与项目违约风险具有相关性，拥有良好社会资本的借款人，其项目违约风险发生的可能性较低；埃弗雷特（Everett，2015）通过研究团队与项目违约风险之间的关系，发现团队中的借款人违约风险明显更低；李等（Li et al.，2015）研究结果表明，拍拍贷中由朋友联系的数量和质量所确定的结构化朋友网络是融资性能的重要影响因素，拍拍贷中结构化的、亲属的和认识的朋友关联网络对融资成功率具有重要影响；杨立等（2018）依据信息经济学及博弈论相关理论，分析互联网金融社会网络在缓解信用风险方面的作用，认为基于社会网络的信用风险缓释机制可以有效缓解由于市场不利选择所带来的消极影响，降低违约等道德风险行为发生的概率。

### 2. 基于项目违约风险预测的投资推荐策略研究

通过对互联网金融项目违约风险影响因素进行研究，以提高项目违约风险预测的准确性，虽然可在一定程度上缓解市场典型的信息问题对投资决策带来的不利影响，帮助投资者提高决策效率，降低投资风险，但随着互联网金融市场的飞速发展，可投资项目品种的日益繁多，投资者查询和处理信息的效率成本将大幅度增加。

对于互联网金融市场投资者而言，仅拥有关于项目违约风险的相关信息远不足以保证其投资决策的有效性，因此有必要提高投资者有效信息过滤与分析的效率，并为之提供有效的投资策略。

罗等（Luo et al.，2011）提出数据驱动的投资决策框架，利用投资者的投资组合理论来增强市场投资决策性能；郭等（Guo et al.，2015）通过设计一个基于实例的信用风险评估模型来评估每个项目的风险和回报，并在此基础上将互联网金融投资决策问题设计成一定约束条件下的优化投资组合问题，以提高互联网金融市场投资者的投资效果；赵等（Zhao et al.，2016）根据来自多目标的项目的静态特征和动态特征，对项目进行多视角风险分析，并在此基础上为投资者提供两种投资组合优化策略，即加权目标优化策略和多目标优化策略。

以上方法大多是基于互联网金融项目风险评估建立投资决策总体框架，向所有的投资者推荐若干全局最优项目，因此忽视了不同投资者投资需求与偏好的差异对其投资行为的影响。

### 3. 个性化投资推荐

推荐系统按照所使用的数据来分类，可以分为内容过滤、协同过滤和社会化推荐系统等。已有的社会化推荐方法虽然取得了一定的推荐效果，但主要局限于一些特定的领域，如旅游业、电子商务、电影传媒推荐等方面。关于互联网金融领域的个性化投资推荐研究较少。

杰伊汗等（Ceyhan et al.，2011）发现投资者的投资组合与他们的投标偏好密切相关，即投资者投资偏好的差异将对其投资决策行为产生重要影响。王等（Wang et al.，2013）利用 Prosper 平台相关数据，构建了基于市场对象之间的关联贝叶斯网络模型，以帮助投资者选择风险较低的投资项目，实验结果表明，该方法相对于其他的投资模型可以更好地帮助投资者进行投资决策。

赵等（Zhao et al.，2015）根据项目信用评估结果及投资者历史交易数据，从项目与投资者之间的投资关系、借款人与项目之间的从属关系等角度出发为投资者推荐投资项目列表，并在此基础上结合投资者当前的投资环境，对推荐列表中的每一个投资项目的投资份额进行优化；该方法考虑了不同投资者投资环境的差异性，提出了基于风险管理的个性化推荐策略，但该方法存在两个局限性：一是在进行投资项目推荐时忽视了互联网金融市场在线社会网络中投资者之间的朋友关系及其对投资者投资决策行为的影响，导致难以准确把握投资者的投资动向，影响投资推荐的效果；二是在进行推荐投资项目资金额分配时忽视了投资者风险偏好的差异对其投资决策的影响。对于不同的投资者，由于不同的投资者对待风险的态度的差异，如风险类别不同，甚至风险厌恶程度存在差异，在面对风险不同的同样货币预期值的投资收益时，产生的效用水平往往不同，而这很有可能会影响投资者的投资策略选择。

朱梦莹等（2016）针对投资者资金额的分配决策问题，通过对项目进行风险评估，结合经济学剩余价值理论，提出剩余价值最大化投资推荐框架，具有一定的有效性；但对在线平台各对象之间的相互关联研究较少，同时也忽视了其中投资者的朋友关系对其投资决策行为的影响，导致难以准确把握投资者的当前投资需求，影响推荐的效果。张（Zhang，2017）针对互联网金融投资者投资项目选择这一决策问题，依据拍拍贷平台数据，分析了互联网金融市场数据特征，分别提出了基于布尔评分矩阵、连续评分矩阵和混合评分矩阵的协同过滤投资项目推荐算法，并通过实验分析这些算法在不同领域的应用效果，结果表明，不同类型的评分矩阵对推荐算法的性能有重要影响，协同过滤算法在互联网金融中的应用与在其他一些领域中的应用相比，其性能有所不同。

## 1.3 研究现状评述

对上述的相关研究进行梳理和分析，可以发现以下几点：

（1）关于项目风险影响因素相关研究较多，但基于平台社会网络信息的项目违约风险特征深入发掘相关研究仍有不足。关于项目风险影响因素相关研究，主要是从财务信息、非财务信息及社会网络信息三个方面展开分析。在进行项目违约风险预测模型构建时，大多数相关文献仍是主要依赖于财务信息相关特征进行项目违约风险预测，且将其预测结果有效应用到其他应用场景或投资决策分析的较少；关于非财务指标的研究较为分散，且由于不同的研究文献的数据来源的不同、研究角度的差异，往往导致研究结果存在较大的差异。关于社会资本等"软"信息的研究较多，但主要体现在其对贷款成功率、贷款利率、贷款违约率等的影响方面；大多数研究表明，社会资本信息有助于反映项目的风险程度，但缺乏基于社会资本信息的项目风险预测特征的全面系统性发掘，关于如何借助平台社会网络信息帮助投资者防控决策风险、提高决策有效性的相关研究尚有不足。

由于互联网金融市场往往具有关键决策信息不完全或质量不高、总体安全性低、平均风险较高等特点，单纯以财务信息构建违约风险预测指标进行项目风险预测，将影响预测的有效性，不利于平台风险控制，难以满足投资者的投资决策需要。通过互联网金融市场对象关联网络模型的构建，针对其中的朋友关联关系，从社会资本的结构维度、关系维度和认知维度发掘有违约风险预测价值的朋友网络特征，即朋友网络风险特征，并将这些特征作为预测指标用于项目违约风险预测，是提高项目违约风险预测的精度，帮助投资者控制投资决策风险的有效途径之一。

（2）基于违约风险的投资策略研究主要是在互联网金融项目风险评估的基础上建立投资项目总体评估框架，向所有的投资者提供若干全局最优项目。由于互联网金融市场中不同的投资者在投资能力、投资偏好、风险类别、羊群行为等方面都可能存在较大差异，这些差异往往导致投资者的投资决策行为具有较大差别。因此，忽视不同投资者的差异性而向其推荐统一的全局最优项目，将难以满足投资者的投资决策需求，帮助其摆脱投资困境，进而提高其投资决策效果。

（3）关于互联网金融个性化投资推荐。互联网金融市场个性化投资推荐方法可以利用信息过滤技术提高投资者信息分析的能力和效率，在考虑不同投资者的投资兴趣偏好的基础上，有针对性地向投资者推荐更加符合其投资需求与偏好的项目，优化其投资策略。近年来，随着网络金融市场的蓬勃发展，关于互联网金融市场个性化投资推荐策略及方法的研究正在逐渐引发关注。目前，关于互联网金融市场的个性化投资推荐研究不多。考虑到投资者私人信息的不完全及项目违约风险关键信息质量较低等问题，现有文献大多是利用项目风险评估结果、投资者历史交易数据及其社交关联数据等信息，分析项目与投资者之间、借款人与项目之间及投资者之间的各种关联，并在此基础上设计相应的投资推荐方案，为不同投资者提供个性化的投资推荐服务。目前关于互联网金融个性化投资推荐的研究主要是侧重在项目的违约风险预测、投资相似度计算及投资者能力分析等方面。然而社会资本理论、预期效用理论及行为金融理论相关研究表明，与投资者相关的诸多因素，如投资者社会网络、风险偏好及市场羊群行为等关键因素很有可能会对投资者决策行为产生影响。显然，在进行互联网金融市场个性化投资推荐方案设计时，忽视投资者决策行为影响因素对投资策略选择的影响，将不利于把握投资者真实的投资需求和动向，降低投资推荐系统的推荐服务性能，难以真正帮助投资者摆脱由于"信息过载"、不利选择所带来的决策困境，提高决策的有效性。

通过对互联网金融市场投资者的行为特点、决策问题及决策行为影响因素进行分析，从市场主要对象关联信息及历史交易数据中发掘与投资者决策行为密切相关的有用知识，并将其合理应用于互联网金融投资推荐，将有望准确把握投资者投资需求与动向，提高推荐系统投资服务性能，进而促进该市场长期良性发展。

为了提高互联网金融市场个性化投资推荐的服务性能，促进该类市场长期良性发展，本书将基于互联网金融平台历史投标行为相关数据及各对象相关属性信息，从互联网金融市场投资者决策问题出发，以投资者决策行为影响因素为出发点，发掘有助于把握投资者投资需求与动向、优化投资者投资战略的相关特征，并将其转化为可引导投资者理性、有效投资的可用知识，融入个性化的投资推荐方案设计中。

## 1.4 主要研究内容和总体研究框架

要提高互联网金融个性化投资推荐服务性能，帮助投资者理性、有效投资，有效发掘影响投资者决策行为的相关特征是关键。从投资者决策问题出发，以投资者决策行为影响因素为导向，从互联网金融市场各对象关联信息及投资者历史投资行为数据中发掘与投资者投资决策相关概念特征，同时将其转化为有助于把握投资者投资决策动向、提高投资者决策有效性及投资推荐服务性能的知识。现有的互联网金融个性化投资推荐模型设计中，由于缺乏与投资者决策行为相关的概念特征的发掘及相关知识的引入，主要存在 3 个问题：（1）忽视投资者自身行为特点及投资决策心理，难以有效把握投资者的真实投资需求与动向；（2）缺乏与投资者决策行为相关知识的有效发掘与应用，难以保障投资推荐的准确性及经济性能；（3）缺乏投资者理性投资引导机制，难以为市场长期有效运行提供支持。本书主要围绕这几个问题，发掘与投资决策行为密切相关的概念特征，以期更好地把握投资者投资需求与偏好，提高互联网金融投资推荐的质量与经济性能，引导投资者理性投资，促进互联网金融市场良性发展。

本书主要研究内容包括以下 4 个方面。

（1）构建互联网金融市场对象关联网络模型，发掘与投资者决策行为相关的概念特征及投资者决策行为影响因子。通过分析投资者行为特点、决策问题及决策行为影响因素，发现投资者决策行为往往会受到社会网络、风险偏好、从众心理及市场羊群行为等诸多因素的影响。根据互联网金融市场历史交易数据及对象属性信息，分析相关对象之间的各种关联关系，构建互联网金融市场对象关联网络模型；基于互联网金融市场对象关联网络模型，从社会网络、羊群行为和风险偏好等多角度发掘与投资决策相关的投资者及项目相关概念特征，并在此基础上设计可应用于投资推荐的变量，即投资者决策行为影响因子，以期更好地把握投资者的投资需求与动向，提高互联网金融市场投资推荐的效果。主要包括四个方面：一是发掘基于借款人朋友关系中的朋友网络风险特征，以帮助提高项目违约风险预测的有效性，为后续的投资组合优化提供支持；二是设计基于投资者朋友关系的朋友投标行为影响因子，以尽可能考虑投资者朋友投标行为对其决策行为的影响，有效把握投资者投资决策兴趣与偏好；三是设计项目理性投资羊群行为因子及投资者羊群行为倾向，以尽可能考虑市场羊群行为对投资者决策行为的影响，提高投资项目推荐的质量，引导投资者理性投资；四是考虑到投资者风险厌恶程度差异对其决策行为的影响，计算投资者风险厌恶系数，为后续的投资组合优化提供支持。

（2）基于朋友网络风险特征及投资者朋友投标行为影响因子，构建考虑朋友关系的个性化投资推荐框架。基于互联网金融市场对象关联网络模型及投资者朋友投标行为影响因子，针对投资者投资项目选择问题，构建考虑投资者朋友关系的个性化投资项目推荐模型；基于互联网金融市场对象关联网络模型及朋友网络风险特征，设计考虑朋友网络风险特征的投资组合优化过程；综合考虑投资者朋友关系及借款人的朋友网络风险特征，针对投资者投资项目选择及投资额的分配决策问题，设计综合考虑朋友关系的个性化投资推荐方案。

（3）基于项目理性投资羊群行为因子及投资者羊群行为倾向，构建考虑市场羊群行为及理性投资的个性化投资项目推荐框架。基于互联网金融市场对象关联网络模型，综合考虑项目理性投资羊群行为因子及投资者羊群行为倾向，针对投资者投资项目选择问题，构建考虑市场羊群行为及理性投资的个性化投资项目推荐模型。

（4）基于投资者风险厌恶系数，构建基于投资者预期效用最大化的投资组合优化模型。基于互联网金融市场对象关联网络模型及投资者风险厌恶系数，在传统的投资组合优化方法的基础上，针对投资者投资额分配问题，在考虑借款人朋友关系的基础上，进一步考虑投资者风险偏好的差异对投资者决策行为的影响，设计基于投资者预期效用最大化的投资组合推荐方法。

总体研究框架如图 1.1 所示。

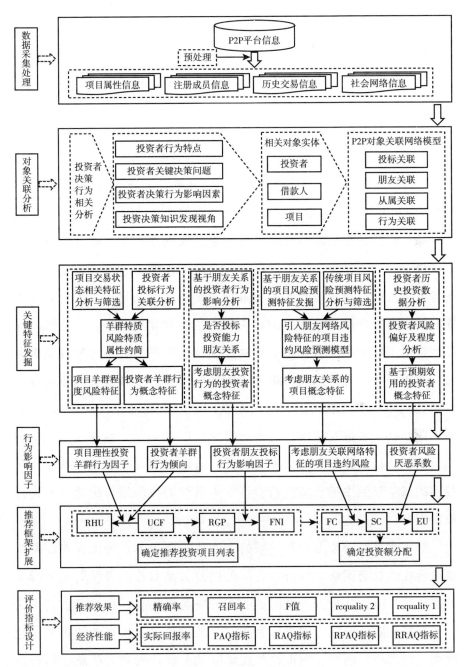

图 1.1 总体研究框架

## 1.5 本书结构安排

本书共分为 6 章，具体内容安排如下所述。

第 1 章是引言，主要从投资者投资决策需求出发，介绍本书的研究背景，综述互联网金融市场投资策略研究及推荐服务的研究现状，简述本书的主要研究内容，给出本书的总体研究框架和结构安排。

第 2 章是构建互联网金融市场对象关联网络模型。对互联网金融市场投资者行为特点、投资者决策行为影响因素及投资者重要决策问题等方面进行分析，以投资者决策行为影响因素为导向，探讨有助于提升投资者投资决策有效性的相关知识的有效发掘途径，为后续的互联网金融市场对象关联模型的构建及朋友网络相关特征的发现提供支持；以投资者行为特点及影响因素为导向，分析互联网金融市场相关对象之间的各种关联关系，构建互联网金融市场对象关联网络模型，并在此基础上发掘互联网金融平台借款人朋友关系中具有违约风险预测价值的特征，即朋友网络风险特征；通过对朋友网络风险特征在项目违约风险预测中的价值进行验证，为后续的投资组合优化方案设计提供支持。

第 3 章是设计考虑朋友关系的个性化投资推荐。考虑到互联网金融平台在线社会网络中投资者之间的朋友关系对投资者投资决策行为的实质性影响，从投资者之间的朋友关联角度出发，针对投资者投资项目选择问题，发掘考虑投资者朋友关系的项目及投资者的相关概念特征，得出相应的概念模型，并在此基础上设计投资者朋友投标行为影响因子；将投资者朋友投标行为影响因子应用于项目兴趣度的预测，设计考虑投资者朋友关系的个性化投资项目推荐过程；在考虑投资者朋友关系的个性化投资项目推荐方法确定推荐投资项目列表的基础上，构建基于朋友网络风险特征的投资组合优化模型，确定各项目资金额的分配，即设计综合考虑朋友关系的个性化投资推荐框架。

第4章是设计考虑市场羊群行为与理性投资的个性化投资项目推荐。不仅考虑投资者的投资相似性，而且考察投资者投资决策时的从众心理及市场羊群行为对投资者投资决策行为的影响，发掘与项目违约风险显著相关的项目羊群程度相关特征，即项目羊群程度风险特征，并在此基础上构建项目理性投资羊群行为因子；将项目理性投资羊群行为因子应用于项目兴趣度的预测，设计考虑市场羊群行为与理性投资的互联网金融个性化投资项目推荐过程并对其推荐质量进行检验；结合考虑朋友网络风险特征的投资组合优化方法，进一步分析考虑市场羊群行为与理性投资的互联网金融个性化投资项目推荐方法的经济意义。

第5章是设计基于预期效用最大化的个性化投资组合推荐。在确定投资者投资项目的前提下，针对投资者投资额分配问题，在考虑朋友关联网络相关特征的基础上，进一步考虑投资者风险类别差异对投资者决策行为的影响，从预期效用最大化的角度出发，设计基于投资者预期效用最大化的互联网金融个性化投资组合推荐过程；分别结合考虑朋友关系的互联网金融个性化投资项目推荐方法和考虑市场羊群行为与理性投资的互联网金融个性化投资项目推荐方法，对基于投资者预期效用最大化的互联网金融个性化投资组合推荐方法的推荐满意度和经济性能进行检验。

第6章是结论与展望，主要总结了本书的研究工作及创新，归纳了本书存在的不足之处及今后可进一步研究的方向。

各章逻辑关系如图1.2所示。

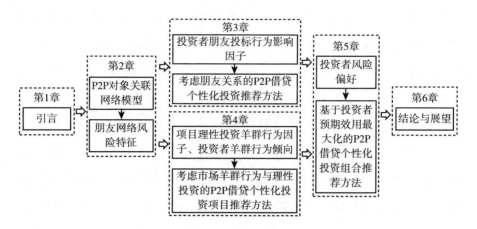

图 1.2　各章逻辑关系

第 2 章

# 互联网金融市场对象
# 关联网络模型

本章通过对互联网金融市场投资者行为相关研究进行梳理，分析互联网金融市场投资者的行为特点、决策问题及决策行为影响因素，提出投资者决策行为相关知识的发现视角；结合互联网金融市场相关信息，构建互联网金融市场对象关联网络模型，提供发掘投资者决策行为相关知识的基础框架；基于互联网金融市场对象关联网络模型及微观社会资本理论，发掘借款人朋友网络风险特征，并通过实证研究验证这些特征的违约风险预测价值，为后续投资组合优化方案设计提供支持。

## 2.1 互联网金融市场投资者决策行为概述

互联网金融是基于因特网的一种新型金融模式，该平台将拥有闲散资金的社会成员与资金的需求方联系起来，不仅为中小企业融资和小额借贷提供了一个新的解决方案，也为社会成员提供了一种新的投资途径。由于互联网金融市场具有能拓宽传统金融机构的融资渠道，降低借贷双方交易成本，提高借贷交易效率和投资者投资回报等特点，不管是在国内还是国外，该类市场发展迅猛，也吸引着越来越多的潜在投资者。对于互联网金融市场投资者而言，为了保障自己的投资收益，降低投资风险，实现既定的投资目标，往往会借助相应的互联网金融平台，采取一系列的投资活动，在此，将这些投资活动统称为互联网金融市场投资者行为，其中，投资者决策行为是其重要内容。互联网金融市场投资者行为主要体现在以下三个方面。

### 1. 学习行为

互联网金融市场投资者具有一定的自我学习能力与动力，他们通常会在过去的投资经历中总结经验教训，改进投资战略，以提高未来投资的有效性。由于投资者在投资决策过程中存在学习行为，因此投资者过去的投资经验往往会对其当前的投资行为产生显著影响。

### 2. 行为偏差

对于互联网金融市场投资者（特别是刚进入市场或处于信息劣势的投资者）而言，面对海量的包含了大量市场噪声的市场信息，不同的投资者在信息识别、信息处理等方面存在差异。在市场运行中，市场参加者的信息识别能力可以被看作一种稀缺的资源。投资者由于信息识别能力的不同，在理解公共信息时存在明显差异，这将对其具体市场行为产生影响。投资者个人经历、专业知识、先天条件往往是导致其识别与分析信息的能力存在差异的主要个体因素。由于投资者认知偏差，信息识别与分析能力的限制，往往会导致其投资行为出现偏差，表现为非理性投资偏好或歧视，如性别歧视、地域歧视、年龄歧视等，这可能会对投资者自身的投资效果产生不利的影响。

**3. 羊群行为**

相较于传统的金融市场，互联网金融市场信息不完全与非对称现象更为严重，投资风险更高；对于大多数投资者（特别是非专业的投资者）而言，当获取及分析相关决策信息（如项目违约风险相关信息）需要花费大量成本时，投资决策时往往会寻求获取或分析成本相对较低的市场信号（如项目的投标状态相关信息）作为决策依据，出现羊群行为。此时，投资者的决策行为往往会受到他人决策行为的强烈影响。在互联网金融市场中，投标越多的项目，获得进一步投标的可能性越大，直到标满。

## 2.1.1 互联网金融投资者行为特点及其关键决策问题

随着平台发展规模越来越大，一方面，由于项目品种的日益繁多，信用风险的相关信息量剧增，"信息过载"将使得投资者，特别是众多的非专业的投资者陷入决策困境；另一方面，市场关键信息的不完全与非对称程度加剧，导致投资者面临着严重的不利选择。因此，互联网金融市场投资者行为通常具有以下特点。

（1）风险与收益是投资者行为过程中关注的核心内容。对于互联网金融市场投资者而言，投资风险与收益是其关注的焦点。如何在保证投资收益的前提下尽可能降低投资风险，是投资者投资决策关注的重心。通常，在互联网金融发展较为成熟的西方市场，投资者在进行投资时，为了平衡投资风险与收益之间的关系，决策行为的重心往往在于投资项目的选择及投资额的分配；而对于互联网金融市场发育不够完善的情况下，为了保证投资收益，降低投资风险，投资者的投资行为通常还会受到平台服务质量高低、资金保障能力、平台运营情况及征信体系是否完善等因素的影响。

（2）容易受到投资偏好与行为偏差的影响。在互联网金融市场中，由于互联网金融市场信息的不完全与非对称，投资者行为偏差现象非常普遍。大多数投资者对于具有不同性别、种族、年龄或地域的借款人的项目，其投资策略往往会有所不同。对于刚进入市场或处于信息劣势的投资者而言，为了降低由于行为偏差带来的不利影响，通常会采取以下策略：一方面，在进行投资决策时往往倾向于选择与自己更加了解的行业、地区、领域相关的项目或自己更为信赖的平台项目进行投资，进而导致不同投资者投资偏好存在较大差异；另一方面，期望从他人（如朋友、"羊头"、群体等）投资行为表现中获取有利决策信息，进而导致投资者决策行为时容易受到他人决策行为及市场羊群效应的影响。

（3）投资行为的有限理性。在传统的金融理论中，通常假设投资者在信息的识别、分析及投资决策等过程中是完全理性的，但在实际的金融活动中并非如此。相较于传统的金融市场，互联网金融市场由于信息过载、关键决策信息的不完全与非对称、市场噪声及投资非专业化等特点，投资者的行为（如决策行为）往往会受到诸如投资者识别与分析能力、群体行为及市场发育程度等因素的影响，趋于有限理性。

（4）羊群行为表现明显。行为金融学理论通过对个体投资者行为进行分析，发现投资者的投资决策行为与过程不仅与投资项目客观属性信息有关，还会受到投资者个人主观认知、市场环境和他人投资行为的影响，出现从众现象。相较于传统的金融市场，由于在线互联网金融市场普遍存在信息过载、投资非专业化、投资风险偏高等特点，该类市场羊群行为表现更为显著。为了规避由于不利选择所带来的投资风险，互联网金融市场投资者在进行投资项目选择时存在明显的从众心理。对于互联网金融市场大多数投资者（特别是非专业的投资者）而言，当获取和有效分析相关决策信息（如项目违约风险相关信息）需要较高成本时，为了降低由于不利选择所带来的预期投资风险，投资者在进行投资决策时往往会寻求获取或分析成本相对较低的市场信号（如能够反映市场绝大多数投资者策略选择的相关信息）作为决策依据，有时甚至会完全忽视自己的私人信息，在从众心理的驱使下进行投资决策，采取羊群行为。

（5）分散投资策略。分散投资也称为组合投资，由于分散投资可以在保障一定收益的情况下，降低投资风险，往往受到众多投资者的青睐。相对于传统的金融市场，互联网金融市场投资风险普遍偏高。对于潜在的投资者（特别是风险厌恶者）而言，为了降低投资整体风险，分散投资需求更为迫切，分散投资行为更为常见。如何将其有限的资金分配于市场中品类繁多的投资项目，保障投资收益，降低投资风险，往往是互联网金融市场投资者的关键决策问题。

（6）社会资本信息影响显著。微观社会资本理论认为社会网络中的个体行动者的社会地位状况及关系指向特征将影响其决策行为与经济结果。互联网金融市场中的在线社会网络，如朋友网络，有别于传统的社会网络，该网络中的注册用户之间可以不受时空的限制自由地组织联系、快速地进行信息分享和市场交易，并由此建立各种关联。而在这些关联中所蕴含的大量有价值的市场信息和经济信号将对互联网金融市场投资者决策行为产生重要影响。

通常认为，在互联网金融市场投资者的一系列行为活动中，决策行为是其中的主要内容。如何提高投资者决策的有效性，不仅是互联网金融市场潜在投资者关注的焦点，也是互联网金融市场相关研究的热点之一。国外由于互联网金融起步较早，市场监管较为规范，且市场由少量优质平台垄断，投资者决策关注的核心在于如何选取符合自己投资需求与偏好的投资项目；近年来，随着网络技术及互联网金融行业的快速发展，我国的网络借贷发展如雨后春笋般，发展迅猛，但由于市场发育不完善，也带来了一系列的问题。2016 年，我国开展了一系列的互联网金融专项整治活动，银监会先后下发了《网络借贷资金存管业务指引 C 征求意见稿》、《网络借贷信息中介机构业务活动管理暂行办法》、《互联网金融信息披露个体网络借贷》标准（T/NIFAI－2016）和《中国互联网金融协会信息披露自律管理规范》。自此，我国互联网金融市场由"野蛮生长"阶段逐步迈向"合规生长"阶段，市场监管逐步规范，国内互联网金融市场投资者的关注的核心正逐渐发生转变，由专注平台选择逐步转向可靠投资项目的选择上。

由此可见，不管是国内还是国外，对于潜在的投资者来说，其关键的决策问题主要体现在两个方面：一是如何从众多的投资项目中选择真正符合自己投资需求与偏好的投资项目；二是如何将自己的资金合理分配于所选项目。

## 2.1.2 互联网金融市场投资者决策行为影响因素

对于互联网金融市场投资者来说，如何应对两大关键投资决策问题，以提高投资有效性是其投资活动的重心。然而，由于互联网金融市场发展规模的日益扩张，不利选择、"信息过载"、市场噪声等一系列问题对投资者有效决策所带来的不利影响日益突出，平台仅提供借款人及项目风险评价的相关信息，远不足以使投资者摆脱决策困境，满足他们的投资需求。借助推荐系统及其导航功能，可在一定程度上节约投资者信息搜寻的成本，提高投资者信息识别、查询和分析的效率，辅助投资决策。目前，针对互联网金融市场个性化投资推荐方法的研究，大多是从项目的风险水平、投资者的投资能力及投资相似性等角度出发，帮助投资者进行投资项目的选择，虽取得了一定成效，但整体推荐效果有待加强。究其原因，在于其推荐算法设计时，忽视了基于市场投资者决策行为内在规律及驱动机制的相关知识的深入发掘与有效应用。

要提高推荐的有效性，有必要在真正了解现实互联网金融市场中投资者的行为特点的基础上，从投资者决策问题出发，全面分析影响投资者决策行为关键因素，识别与投资者决策行为密切相关的市场信息与经济信号，为发掘有助于准确把握投资者投资需求与动向的知识提供支持。经研究发现，在互联网金融市场中，投资者的决策行为在很大程度上会受到以下因素的影响。

（1）投资者信息识别与分析能力。在互联网金融市场中，投资者由于投资经验、专业背景、自身属性等因素不同，其市场信息识别与分析的能力也会存在差异，进而影响其投资者决策行为。鲁宾斯坦（Rubinstein，1993）通过研究发现，投资者在面对同样的决策信息环境，其决策行为也会有所不同，其中投资者信息识别能力的差异是导致投资者行为不同的主要因素；坎德尔等（Kandel et al.，1999）通过实证分析，结果发现面对相同的公共信息，不同的投资者的理解与反应存在显著差异。对于互联网金融市场投资者来说，面对着市场中海量的、价值密度相对较低的公共信息与经济信号，信息识别与分析能力的差异将加剧投资者之间的信息不对称。一方面，有一定投资者经验与专业背景的投资者，或善于学习的具有较强信息识别与分析能力的投资者，往往居于信息优势，其决策行为更加理性；另一方面，刚进入市场的投资经验相对不足的投资者，则往往处于信息劣势，容易出现不利于投资决策的行为偏差，为了提高投资决策行为的有效性，通常会期望从他人（如朋友、羊头、群体等）的投资行为表现中获取有利决策信息，其投资决策往往更容易受到他人及市场羊群行为的影响。要准确把握投资者投资需求与动向，提高互联网金融市场个性化推荐系统的辅助决策性能，有必要从市场主要对象的关联信息及投资者历史行为数据中发掘出能反映投资者信息识别与分析能力的知识。

（2）投资者的风险态度。在现实的经济活动过程中，不同的投资者对待风险的态度存在差异。投资者的风险偏好往往会对其投资决策行为过程与结果产生重要的作用。对于厌恶风险的投资者，往往更倾向于接受风险较小的投资方案，而非风险较大的可能带来较为可观收益的投资方案。一般认为，绝大多数的投资者都是理性的风险厌恶者，但不同的投资者风险厌恶程度有所不同。对于一个投资者来说，其风险厌恶系数越大，一个单位的风险为其所带来的效用损失将越大，反之越小。依据预期效用理论，互联网金融市场投资者在面临不确定性的决策环境时，投资者的决策往往是追求财富的预期效用最大化的过程。由于风险厌恶程度及风险承受能力的差异，投资者在追求预期效用最大化的过程中，其决策行为过程与结果也会有所不同。

（3）投资偏好。对于互联网金融市场投资者，其投资偏好往往会对其决策行为产生重要影响，一方面，对于大多数投资者，由于自身认知与投资习惯的差异，对于具有不同性别、种族、年龄或地域的借款人的项目，其投资策略往往会有所不同。另一方面，由于市场信息的不完全与非对称，对于投资者（特别是刚进入市场或处于信息劣势的投资者）而言，为了缓解不利选择对投资效果所带来的不利影响，在进行投资决策时往往倾向于选择自己更加了解的行业、地区、领域相关的项目或自己更为信赖的平台项目进行投资。

（4）从众心理与市场羊群行为。随着互联网金融平台发展规模逐步扩张，投资项目品种的日益繁多，与投资者决策相关信息量剧增，市场大多数投资者决策时往往面临着严重的不利选择。为了规避由于不利选择所带来的投资风险，相较于传统的金融市场而言，互联网金融市场投资者在进行投资项目选择时存在明显的从众心理。对于互联网金融市场大多数投资者（特别是非专业的投资者）而言，当获取和有效分析相关决策信息（如项目违约风险相关信息）需要较高成本时，为了降低由于不利选择所带来的预期投资风险，投资者在进行投资决策时往往会寻求获取或分析成本相对较低的市场信号（如能够反映市场绝大多数投资者策略选择的相关信息）作为决策依据，有时甚至会完全忽视自己的私人信息，在从众心理的驱使下进行投资决策，引发市场羊群行为。互联网金融市场投资者的从众心理及市场羊群行为的存在往往会改变投资者的最终投资策略选择，进而影响投资者的决策行为。

### 2.1.3　互联网金融市场投资者决策行为相关知识发现视角

依据决策行为理论，可以将市场参加者的判断与抉择过程看作信息的获取与处理过程，市场参加者的决策结果与其所拥有的信息密切相关。对于互联网金融市场投资者，可将其投资决策相关信息分为两大类，一类是市场中所有或绝大多数投资者都能获取的知识，如借款人及项目的属性信息、平台所公布的与项目风险等级信息和与市场交易状况相关的经济信号等信息，属于与投资者决策行为相关的公共信息；另一类是仅为市场中少数或个别投资者所拥有的信息，包括投资者对公共信息的理解、投资者的风险态度、投资者自身行为特点及其社会资本信息等方面，属于与投资者决策行为相关的私人信息。

通常认为，相较于公共信息，私人信息对投资者的决策行为影响更为显著。要把握当前互联网金融市场投资者的投资需求与动向，提高推荐系统服务性能，有必要掌握与投资者决策行为密切相关的私人信息。面对互联网金融市场中的众多投资者，如何有效获取与投资者决策行为密切相关的私人信息是传统的信息收集方法的一大难题，也是准确把握投资者的投资需求与偏好，提高互联网金融投资推荐性能的瓶颈。通过对互联网金融市场投资者行为特点、决策问题进行分析，围绕着投资者决策行为影响因素，利用数据分析与挖掘相关方法，有望从以下几个方面发掘与投资者决策行为密切相关的，有助于把握投资者决策行为动向的相关知识。

（1）平台社会网络方面。微观社会资本理论认为社会网络中的个体行动者的社会网络地位状况及关系指向特征将影响其决策行为与经济结果。互联网金融市场中的在线社会网络，如朋友网络，有别于传统的社会网络，该网络中的注册用户可以不受时空的限制自由地组织联系、快速地进行信息分享和市场交易，并由此建立各种关联。由于互联网金融市场信息的不完全与非对称，投资者在进行投标决策时，这些关联中所传递的大量的市场信息和经济信号将对其投资决策行为产生影响。因而，投资者的决策行为不仅与投资相似度和投资者能力相关，而且在很大程度上还会受到在线社会网络中的其他市场参加者（特别是有投资能力的直接朋友）投资决策行为的影响。

（2）投资者的风险态度方面。依据经济学相关理论，市场参加者按其对待风险的态度分为风险厌恶者、风险中性者和风险爱好者。组合投资理论和实践表明，投资者在不确定的市场环境中对风险一般持谨慎保守态度，即大多是风险厌恶者，但不同的投资者风险厌恶程度有所不同。投资者对待风险的态度一般通过投资者的效用函数来测定，对于风险厌恶程度不同的投资者，其对应的效用函数中的风险厌恶系数将有所不同。投资者风险厌恶系数越大，一个单位的风险为其所带来的效用损失将越大，反之越小。在金融领域中，当投资者面临不确定的环境状态时，其投资决策行为往往会受到其风险态度及风险承受能力的影响，在投资项目选择时往往更愿意选择使其预期效用最大化的决策方案。

（3）市场羊群行为方面。对于互联网金融市场中的大多数投资者，特别是对非专业的投资者而言，当获取和有效分析相关决策信息（如项目违约风险相关信息）需要花费较高的成本时，为了降低由于不利选择所带来的预期投资风险，投资者在进行投资决策时往往会寻求获取或分析成本相对较低的市场信号（如能够反映市场绝大多数投资者策略选择的相关信息）作为决策依据，有时甚至会完全忽视自己的私人信息，采取羊群行为。在互联网金融市场中，羊群行为是一种客观存在的非理性的行为，它的存在不仅会改变投资者的投资偏好，影响投资者的投资决策行为，往往还会对投资者的投资效果及市场运行效率产生不利影响，进而妨碍网络金融市场的长期良性发展。

## 2.2　互联网金融市场对象关联分析

要发掘与互联网金融市场投资者决策行为密切相关的，有助于把握其决策行为动向的相关知识，有必要以投资者决策行为影响因素为导向，分析互联网金融市场主要对象之间的各种关联关系。本章节将依据现实互联网金融平台相关数据，分析与互联网金融市场投资决策行为有关的主要对象之间的相互关联，构建互联网金融市场对象关联网络模型，为后续投资者决策行为相关特征的发掘及投资推荐方案设计提供支持。

### 2.2.1　互联网金融市场对象关联类别

在互联网金融市场中通常包含关于项目类别、群组、注册成员、列表项目、投资项目、投标、角色等各类信息，信息量巨大。本章节从投资者投资决策需求出发，通过对这些信息及其数据关联进行分析和抽象，发现互联网金融市场主要对象（即投资者、借款人及项目）之间存在以下主要关联类别。

（1）借款人与项目之间的从属关联。借款人与项目之间的从属关联是指借款人与其所申请并获得批准的项目之间的联系。通常，在互联网金融市场中，一位借款人可能与多个项目存在从属关联，一个项目仅与一位借款人存在从属关联。互联网金融市场项目违约风险既与项目自身属性相关，又与借款人属性、社会关系等相关信息存在密切联系。

（2）投资者与项目之间的投资关联。如果投资者投资了互联网金融市场中某一项目，则认为该投资者与其所投资的项目之间存在投资关联。通过分析投资者历史投资项目的属性信息及相关特性，有助于直观地了解投资者的投资习惯与偏好，归纳其投资决策行为特点。

（3）投资者之间的行为关联。当两位投资者都投资了某个或某些项目，则表示两位投资者之间的投资决策行为存在着某种意义上联系（如相互之间存在投资相似性、投资号召力或影响力等），在此将这种联系归为投资者之间的投资行为关联，书中统称为行为关联。在互联网金融平台历史交易数据中，包含了大量的投资者历史投资行为数据，依据行为金融理论，通过对不同投资者的历史投资行为表现进行比较分析，将有望了解到不同投资者之间的决策行为与投资偏好关联，为更准确地把握投资者的投资动向提供帮助。

（4）各注册成员（主要包括投资者和借款人）之间的朋友关联。有别于传统的金融市场，互联网金融市场中的注册用户之间可以不受时空的限制自由地组织联系、快速地进行信息分享和市场交易，并由此建立各种关联关系，而朋友关联关系是其中的一种重要的在线社会关系。如果两个注册成员在互联网金融平台是直接朋友关系，则认为他们之间存在朋友关联。微观社会资本理论认为，社会关系网络中的个体行动者的社会地位状况及关系指向特征将影响其决策行为与经济结果。通过对互联网金融市场投资者之间的朋友关联网络进行分析，将有助于了解投资者之间投资决策行为的相互作用，为提高互联网金融投资推荐效果的提供支持。

### 2.2.2 互联网金融市场对象关联网络模型的构建

基于互联网金融平台对象属性信息及历史交易数据，从社会资本、行为金融等理论出发，分析互联网金融市场中主要对象之间的相互关联，构建相应的互联网金融市场对象关联网络模型，如图2.1所示，以分析投资者、借款人和项目之间的相互关联及特征。

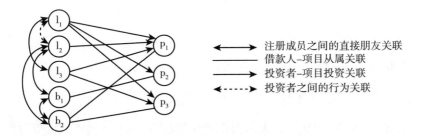

**图 2.1　P2P 借贷市场对象关联网络示例**

图2.1定义了互联网金融市场对象关联网络中互为关联的主要对象的关系图 $G=(M,P,E)$。其中，$P$ 表示项目的集合，其属性特征包括借款类别、借款数量、借款期限、借款利率、信用等级等内容；$M=\{L,B\}$ 表示互联网金融平台贷款人（即投资者）$L$ 和借款人 $B$ 的集合，其属性特征包括成员角色、关键字、债务收入比、所在城市、受教育程度等内容；$E=\{E_1,E_2,E_3,E_4\}$ 表示借款人、项目、贷款人之间的各种关联的集合，即互联网金融平台注册成员（主要指借款人和投资者）之间的直接朋友关联 $E_1$ 的集合、借款人–项目之间的从属关联 $E_2$ 的集合、投资者–项目之间的投资关联 $E_3$ 的集合、投资者之间的行为关联 $E_4$ 的集合。其中，$E_1$ 的属性特征包括注册成员1关键字、注册成员2关键字、是否朋友关系等内容；$E_2$ 的属性特征包括借款人关键字、项目关键字、借款日期、借款数量等内容；$E_3$ 的属性特征包括投资者关键字、项目关键字、投标时间、投标额、投标状态等内容；$E_4$ 的属性特征包括投资者1关键字、投资者2

关键字、共同投标状态、投资行为跟随状态、共同投标项目关键字等内容。

如图 2.1 所示，$l_1$，$l_2$，$l_3 \in L$，$b_1$，$b_2 \in B$，$p_1$，$p_2$，$p_3 \in P$，其中，$(l_2, b_1) \in E_1$ 表示投资者 $l_2$ 与借款人 $b_1$ 之间的直接朋友关系，对此可用一个变量 $R_1$ 描述互联网金融市场参与人之间是否是直接朋友关联，如 $R_1(l_2, b_1) = 1$ 表示投资者 $l_2$ 与借款人 $b_1$ 之间是直接朋友关联；$(b_2, p_1) \in E_2$ 表示项目 $p_1$ 属于借款人 $b_2$，即存在借款人–项目之间的从属关联，可用三维变量 $\mathbf{R}_2$ 描述借款人与项目之间的从属关联特征，如 $R_2(b_2, p_1) = (2011 - 09 - 18\ 09:06:19, 1\ 000, 1)^T$，则表示项目 $p_1$ 属于借款人 $b_2$，借款日期为 $2011 - 09 - 18\ 09:06:19$，借款金额为 $1\ 000$ 元；$(l_2, p_1) \in E_3$ 表示投资者 $l_2$ 与项目 $p_1$ 之间的投资关联，对此可用一个三维变量 $\mathbf{R}_3$ 描述互联网金融平台投资者与项目之间的投资关联，如 $\mathbf{R}_3(l_2, p_1) = (2011 - 09 - 17\ 07:56:19, 50, 1)^T$ 表示投资者 $l_2$ 对项目 $p_1$ 成功投资，投资时间为 $2011 - 09 - 17\ 07:56:19$，投资金额为 $50$ 元；$(l_1, l_2) \in E_4$ 表示投资者 $l_1$ 和投资者 $l_2$ 存在共同投资项目，即两位投资者之间存在投资行为关联，可用一个三维向量 $\mathbf{R}_4$ 描述两位投资者之间的投资行为关联特征，如是否共同投资、投资时间先后关系、共同投资项目关键字，如 $\mathbf{R}_4(l_1, l_2) = (1, 0, p_1)^T$ 表示投资者 $l_1$ 与投资者 $l_2$ 共同投资了项目 $p_1$，存在投资行为关联，且投资者 $l_2$ 先投标，投资者 $l_1$ 跟随。

## 2.3 互联网金融市场朋友关联网络信息的风险预测价值分析

### 2.3.1 问题的提出

对于互联网金融市场投资者来说，风险与收益是其决策关注的重心。

在投资决策过程中，既要保障投资者的投资收益，又要降低投资风险，其中的首要研究问题就是如何准确预测互联网金融市场中各项目的违约风险，而预测特征的选择则是这一研究问题的重要内容，将直接影响项目违约风险预测的有效性。在传统金融市场中，一般是以项目及借款人的财务信息作为预测指标进行项目风险预测。然而，在互联网金融市场中，信息的不完全与非对称等信息问题相较于传统的金融市场更加尖锐，由于平台项目及借款人财务信息的不完全或信息质量较低，将极大地影响项目风险预测的准确率，导致投资者在市场交易过程中面临较大的投资风险。

当前部分研究表明借款人的社会网络关系可在一定程度上反映借款人及其项目的当前状态，作为一个不完美的市场信号机制，在缓解市场信息不对称的同时，将有助于提高投资者的经济回报，也即利用社会网络信息可在一定程度上降低由于信息不对称所带来的投资风险。刘等（Liu et al.，2015）指出朋友网络是一种重要的在线社会网络，并分析了朋友网络中的管道效应、棱镜效应和羊群效应及其对第三方投资者投标行为的影响。李等（Li et al.，2015）根据来自拍拍贷市场交易数据和多维社会资本理论，建立朋友层级网络，挖掘其中与市场融资效率和借贷利率相关的朋友网络变量，并分析这些变量对市场融资效率和借贷利率的影响。

以上这些关于互联网金融市场中社会网络的研究，虽然强调了社会网络在市场运行中的作用，并对其网络结构、相关特征及其影响进行了分析，但他们大多是以市场信息效率、市场参加者的投标行为、借款人的融资效率和借款利率等内容为出发点展开讨论，关于社会网络在项目违约风险预测中的价值研究较少；朋友网络作为互联网金融平台中的一种重要的社会网络关系，对朋友网络中关于项目违约风险预测特征的全面发掘及其预测价值验证研究存在不足；在构建朋友关联网络模型时，大多数研究主要根据借贷双方之间的直接朋友关联建立朋友层级关系模型，而忽视了借贷双方之间基于平台其他对象的多种间接关联关系。在进行朋友网络特征发掘时，大多数研究是在考虑借贷双方之间的直接朋友关联的基础上以市场融资效率或借款利率为因变量展开分析，缺乏与项目违约风险相关的朋友网络特征的有效发掘及其预测价值检验。

基于以上分析，为了能够全面发掘朋友网络信息中蕴含的与项目违约风险显著相关的特征，以提高项目违约风险预测的精度，为后续投资组合优化模型的构建提供有力支持，本节基于互联网金融市场对象关联网络模型，根据来自 Prosper 平台的朋友关联信息及市场交易数据，从社会网络的结构维度、关系维度和认知维度，全面发掘其中与项目违约风险可能存在显著相关的特征，即朋友网络风险特征，提出并验证以下 3 个假设：

$H_{2-1}$：在互联网金融平台的在线朋友关联网络中，有朋友的借款人和没朋友的借款人在其项目违约风险上存在显著差异。

$H_{2-2}$：在互联网金融平台中，借款人朋友网络中蕴含着对项目违约风险具有显著影响的特征。

$H_{2-3}$：在互联网金融平台中，朋友网络风险特征有助于提高项目违约风险预测的精度。

## 2.3.2 朋友网络候选特征发现

目前大多数研究侧重于分析朋友关系对融资效率、借贷利率及投资决策行为等方面的影响。本节将在前人研究的基础上，基于微观社会资本理论，从项目违约风险的角度全面考察互联网金融市场中的在线朋友关联网络信息，发掘其中关于社会资本的结构维度、关系维度和认知维度的朋友关联候选特征，如表 2.1 所示，检验并讨论这些特征在项目违约风险预测方面的价值。

表 2.1　　　　　　　　　　借款人的朋友网络候选特征

| 特征变量 | 特征说明 | 特征变量 | 特征说明 |
|---|---|---|---|
| Dir_FrdN | 借款人直接朋友数 | Dir_FrdBidN | 直接朋友投资项目总数 |
| Ind_FrdN | 借款人间接朋友数 | Dir_FrdBidSucN | 直接朋友成功投资项目数 |
| Dir_FrdLN | 借款人直接朋友为贷款人的人数 | Ln _ Dir _ FrdBi-dAmP | 每个项目直接朋友投资比例 |
| Dir_FrdBN | 借款人直接朋友为借款人的人数 | Ln _ Dir _ FrdBi-dAmt | 每个项目直接朋友投资额 |
| Dir_FrdBNP | 借款人的直接朋友为借款人的比例 | Dir_FrdBidAmt | 直接朋友投资额 |
| Ind_FrdBN | 借款人间接朋友为借款人的人数 | Ind_FrdBNP | 借款人的间接朋友为借款人的比例 |
| Ind_FrdLN | 借款人间接朋友为贷款人的人数 | Dir_FrdBidSucP | 直接朋友投资成功率 |
| Dir_FrdBidAmP | 每个借款人直接朋友投资比例 | Dir_FrdBidRetP | 借款人直接朋友投资收益率 |
| Ind_FrdLNP | 借款人的间接朋友为贷款人比例 | Dir_FrdLNP | 借款人的直接朋友为贷款人的比例 |
| Indir_FrdBidAmP | 每个借款人间接朋友投资比例 | Indir_FrdBidSucN | 间接朋友投资成功数 |
| Indir_FrdBidSucP | 间接朋友投资成功率 | Indir_FrdBidLnN | 间接朋友投资项目总数 |
| Indir_FrdBidAmt | 间接朋友投资额 | Indir_FrdBidRetP | 借款人间接朋友投资收益率 |
| Ln _ Indir _ FrdBi-dAmP | 每个项目间接朋友投资比例 | Ln _ Indir _ FrdBi-dAmt | 每个项目间接朋友投资额 |
| BPcount | 借款人的借款说明字数 | — | — |

首先，社会网络的结构维度关键是社会网络的中心性。可以通过考察某一个体与网络中其他个体的社会联系的数量来衡量其在该社会网络

中的中心性。莫利克（Mollick，2014）通过计算个人在 Facebook 中的粉丝数来衡量个人的网络联系。因此，在互联网金融市场对象关联网络模型中，可用借款人的朋友数来反映其社会网络联系。考虑到项目借款人的朋友中不同角色的分布情况对其信用风险可能存在的影响，根据 Prosper 借贷平台历史数据，本节除了考察借款人直接朋友数、借款人间接朋友数等一般网络结构维度的特征指标，还引入了借款人直接朋友为贷款人的人数、借款人直接朋友为借款人的人数、借款人间接朋友为借款人的人数、借款人间接朋友为贷款人的人数、借款人的直接朋友为借款人的比例、借款人的直接朋友为贷款人的比例、借款人的间接朋友为借款人的比例、借款人的间接朋友为贷款人的比例等指标来体现每个借款人关于网络结构维度的特征，并进一步分析这些特征与项目违约风险之间的关联。

其次，社会网络的关系维度是指社会网络中成员之间相互联系的质量。对此，可以从成员间联系的紧密程度及被联系成员整体质量两个角度来进行分析。显然，在互联网金融市场对象关联网络模型中，借款人与朋友之间是否存在长期的信息分享、互为投资等情况可在一定程度上反映借款人与其朋友之间的联系强度。而借款人的朋友的信用水平和投资能力在一定程度上反映了其朋友的整体质量水平。相比以前的研究，在考察借贷双方联系强度时，不仅考察借贷双方的朋友关联关系所衍生出来的联系，还考察由于借款人与项目之间的从属关联关系和贷款人与项目之间的投资关联关系所衍生出来的联系，例如，如果一个投资者热衷于对属于某个借款人的所有或绝大多数所属项目进行投资，则这两者之间应该存在较强的联系；考察朋友的整体质量时，不仅考察朋友投资成功数的相关指标，还考察朋友投资成功额及投资收益的相关指标，投资成功额越高，表示该贷款人越有投资经验，而投资收益越高，则表示该贷款人投资能力越强，对于一个有经验且投资能力强的投资者所投资的项目，应该更加可信，因此，要评价借款人的朋友质量，应该综合考虑其直接朋友和间接朋友的投资成功情况和投资收益情况。根据 Prosper 借贷平台历史数据，可用直接朋友投资项目总数、直接朋友成功投资项目数、每个借款人直接朋友投资比例、每个项目直接朋友投资比例、每个项目直接朋友投资额、直接朋友投资额、直接朋友投资成功率、借款人直接朋友投资收益率、间接朋友投资成功数、间接朋友投资项目总数、间接朋友投资成功率、借款人间接朋友投资收益率、间接朋友投资额、每个项目间接朋友投资额、每个项目间接朋友投资比例、每个借款人间接朋友投资比例等指标来体现每个借款人关于网络关系维度的整体特征。

社会网络的认知维度与提供共享的资源表示、解释及系统的意义相关。根据 Prosper 借贷平台相关数据，本章节将借款人的借款说明的字数作为反映其社会网络认知维度的特征指标。

### 2.3.3　朋友网络风险特征的预测价值分析

本章节基于互联网金融市场对象关联网络模型，对 2.3.2 节所提出的朋友网络候选人进行相关性检验与分析，挑选出其中与项目违约风险显著相关的特征，即朋友网络风险特征，通过将朋友网络风险特征作为传统财务预测指标的补充用于违约风险预测，使用多种传统非线性方法分别构建基于传统财务指标预测模型和引入朋友网络特征后的混合指标预测模型，并对模型的预测结果进行了比较，以分析这些特征在项目违约风险预测中的价值，为后续互联网金融投资组合优化提供支持，具体分析思路如下。

**1. 财务特征变量选择**

通过综合考虑塞拉诺辛卡等（Serranocinca et al.，2015）的研究成果和平台信息内容，计算每个贷款项目的"硬"信息所对应的特征变量值，并进行数据规范化处理和相关性分析，从中选取与项目违约风险显著相关的财务信息特征变量，即借款数量、借款利率、借款期限、信用等级、债务收入比、房屋状态，并基于这些传统财务指标构建多个非线性违约风险预测基准模型。

### 2. 朋友网络风险特征发掘与筛选

首先，根据 2.2.2 节所构建的互联网金融市场对象关联网络模型及 Prosper 平台历史交易数据，分析其中各节点之间的关联特征，计算每个项目及借款人在表 2.1 中所对应的朋友网络候选特征值，并进行数据数值化、规范化处理。

其次，通过 Pearson 卡方检验，论述和验证在互联网金融平台上有在线朋友的借款人与没有在线朋友的借款人在"是否违约"方面是否存在显著差异；如果存在显著差异，则进一步通过秩和检验、t 检验和卡方检验等方法分别分析朋友网络候选特征指标与项目违约风险之间的相关关系，从中发掘出对项目违约风险存在显著相关的特征。根据相关计算结果可对 2.3.1 节所提出的假设 $H_{2-1}$、假设 $H_{2-2}$ 进行检验。

### 3. 验证模型及预测方法的选择

关于市场风险预测的方法有很多，这些方法大致可分为 4 类：（1）统计模型，如 Logistic 回归（logistic regression，LR），k 近邻方法（k - nearest neighbor，KNN），生存分析等；（2）人工智能方法，如神经网络（neural network，NN），遗传算法，支持向量机（support vector machine，SVM）等；（3）运筹方法，如线性规划法，二次规划法；（4）混合方法。

通常，Logistic 回归、神经网络、支持向量机等方法是进行项目违约风险的预测的常用方法。例如，张澜觉（2015）分析了网络借贷的特点，基于 BP 神经网络提出网络借贷市场中个人信用评估模型；傅彦铭等（2014）考虑到网络借贷市场中数据的高维、非线性等特点，采用了支持向量机的方法对该市场借款人的信用风险进行评估。

为了提高实验的有效性和检验结果的可靠性，本章选择了当前信用风险评估中较为常用的 3 种非线性预测方法，即支持向量机、神经网络和 Logistic 回归方法来构建朋友网络风险特征预测价值检验的基准模型和检验模型，分别为 SVM_0、NN_0、LOGIC_0、SVM_1、NN_1、LOGIC_1，其中 SVM_0、NN_0、LOGIC_0 为基于传统财务指标所构建的基准模型，SVM_1、NN_1、LOGIC_1 为基于引入朋友网络风险特征后的混合指标所构建的价值验证模型。

在对 2.3.1 节所提出的 $H_3$ 进行检验的过程中，为了消除模型训练过程中由于随机取样所带来的偏差，保证验证结果的可信度，本章拟采用 K - 折交叉验证（一般 K 取值为 10）方法。K - 折交叉验证方法主要用于模型选择或参数寻优等方面，本章将利用该方法以分析朋友网络风险特征的风险预测价值，通过对上述各模型的 K - 折交叉验证后所得结果进行对比，分析各个基准模型与对应的验证模型在风险预测准确率方面的差异，以考察在传统的财务指标的基础上引入朋友网络风险特征所构建的模型在风险预测准确率方面的变化。首先，将互联网金融平台相关数据集 B 随机划分成 K 份，即 $B = \{D_i\}(i = 1, 2, \cdots, K)$，其中 $D_i$ 表示第 i 份；其次，针对朋友网络风险特征预测价值检验的基准模型和检验模型中的每一个模型 $M_j$，将每一个子集 $D_i(i = 1, 2, \cdots, K)$ 分别作为测试集，其余的 K - 1 份作为训练集，由此可得到 K 个训练模型，并用对应的测试集进行测试，得 K 个风险预测准确率测试值，将这 K 个测试值的平均数作为模型 $M_j$ 的风险预测的准确率；再次，分别在支持向量机、神经网络和 Logistic 回归方法的基础上，对基于传统财务指标的预测模型、基于混合指标的预测模型的验证结果进行对比分析，以检验朋友网络风险特征在互联网金融违约风险预测中的价值；最后，对比在支持向量机、神经网络和 Logistic 回归方法的基础上构建的基于混合指标的预测模型（即 SVM_1、NN_1、LOGIC_1）的预测结果，选取其中效果最好的模型进行项目违约风险预测，为后续的互联网金融投资组合优化提供支持。

## 2.4 实验研究及结果分析

### 2.4.1 数据来源与样本选取

实验数据来源于美国 Prosper 网络借贷平台 2006 年以来的开放数据。该数据集包含相互关联的 7 类对象信息，分别是项目类别、群组、注册成员、列表项目、贷款项目、投标、角色，信息量巨大。其中，注册成员 1 309 510 个，列表项目 371 896 个，投标数为 9 638 888 个。为了便于训练和测试，首先，对该数据集进行了初步过滤，选取其中已完结且违约状态明确的 25 229 个项目及与这些项目相关的列表项目、投标和注册成员等信息，针对每一个项目，统计计算其投标者信息，针对每一位投资者，统计其平台直接朋友信息及投标信息，以此作为构建朋友关联网络的基础数据集 A；其次，考虑到数据的完整性，从 25 229 个项目中选取了最终是否违约明确且相关数据完整的 23 488 个项目，针对每一个项目，计算传统财务指标特征值及朋友网络风险特征值，并进行数值化、规范化处理，以此作为样本数据集 B；最后，为了消除模型训练过程中由于随机取样所带来的偏差，保证朋友网络风险特征的违约风险预测价值检验结果的可信度，本章拟采用 K – 折交叉验证（一般 K 取值为 10）方法。即将样本数据集 B 随机抽取划分成 10 个等量样本子集，以此作为验证 $H_3$ 的样本数据集 C，对基于传统财务指标构建的多个非线性预测基准模型和基于混合指标所构建的相应验证模型分别进行训练并测试。

## 2.4.2　相关性分析

根据假设 $H_{2-1}$，一般认为，在互联网金融平台的朋友关联网络中，有朋友的借款人比没有朋友的借款人更值得信任，因此在该平台的朋友关联网络中有朋友的借款人对应的项目违约概率将更小。为了考察互联网金融市场中的借款人有无朋友对其项目违约风险的影响，实验中通过对已完结的项目中已明确是否最终违约的 25 229 个项目（即样本数据集 A）进行了 Pearson 卡方检验，发现有朋友的借款人与没有朋友的借款人在其项目是否违约上存在显著差异，结果如表2.2 和表2.3 所示。没有朋友的借款人违约的概率为12.2%，有朋友的借款人违约的概率为8.4%，明显低于没有朋友的借款人。

**表2.2　　　　朋友网络中借款人是否有朋友与项目是否违约的交叉制表**

| | | 没有违约项目 | 违约项目 | 合计 |
|---|---|---|---|---|
| 无朋友 | 计数 | 13 221.0 | 1 834.0 | 15 055.0 |
| | 期望的计数 | 13 453.4 | 1 601.6 | 15 055.0 |
| | 朋友总数中的比例 | 87.8% | 12.2% | 100.0% |
| 有朋友 | 计数 | 9 324.0 | 850.0 | 10 174.0 |
| | 期望的计数 | 9 091.6 | 1 082.4 | 10 174.0 |
| | 朋友总数中的比例 | 91.6% | 8.4% | 100.0% |
| 合计 | 计数 | 22 545.0 | 2 684.0 | 25 229.0 |
| | 期望的计数 | 22 545.0 | 2 684.0 | 25 229.0 |
| | 朋友总数中的比例 | 89.4% | 10.6% | 100.0% |

**表 2.3** 朋友网络中借款人是否有朋友与项目是否违约的卡方检验

|  | 值 | df | 渐进 Sig.（双侧） | 精确 Sig.（双侧） | 精确 Sig.（单侧） |
|---|---|---|---|---|---|
| Pearson 卡方 | 93.549[a] | 1 | 0.000 |  |  |
| 连续校正[b] | 93.147 | 1 | 0.000 |  |  |
| 似然比 | 96.012 | 1 | 0.000 |  |  |
| Fisher 的精确检验 |  |  |  | 0.000 | 0.000 |
| 有效案例中的 N | 25 229 |  |  |  |  |

注：（a）0 单元格（0.0%）的期望计数小于 5；最小期望计数为 1 082.37。
（b）仅对 2×2 表计算。

表 2.2 和表 2.3 的结果表明，朋友关联网络中蕴藏着与项目是否违约相关的有价值的信息，因此，通过对朋友关联网络中的这些信息进行分析，挖掘出该网络中与项目是否违约显著相关的特征，将有望提高市场项目违约风险的预测的有效性。

为了进一步验证假设 $H_{2-2}$，在互联网金融市场对象关联网络模型及多维社会资本理论的基础上，从社会网络的结构维度、关联维度和认知维度提出该平台朋友网络中借款人的 27 个朋友网络候选特征，并根据已明确是否最终违约且相关数据完整的 23 488 个借贷项目数据（样本数据 B），对这些特征与项目是否违约进行相应的 t 检验、秩和检验及卡方检验，发现其中有 24 个特征的 Sig 值小于 0.05，这表明这 24 个特征与项目是否违约之间存在显著相关，属于朋友网络风险特征，实验结果如表 2.4 所示。由此可见，在互联网金融平台的朋友关联网络中，蕴含着对项目违约风险具有显著影响的特征，即朋友网络风险特征，这些特征有可能对该平台项目违约风险的预测具有一定的价值。

**表 2.4** 关于朋友网络候选特征的独立样本检验

| 特征变量 | 均值方程的 t 检验 | | 特征变量 | 均值方程的 t 检验 | |
|---|---|---|---|---|---|
|  | t | Sig.（双侧） |  | t | Sig.（双侧） |
| Ind_FrdLN | 14.219 | 0.000 | Dir_FrdBidSucP | 29.168 | 0.000 |
| Ind_FrdBN | 1.633 | 0.103 | Indir_FrdBidLnN | 10.899 | 0.000 |

续表

| 特征变量 | 均值方程的 t 检验 | | 特征变量 | 均值方程的 t 检验 | |
|---|---|---|---|---|---|
| | t | Sig.（双侧） | | t | Sig.（双侧） |
| Ind_FrdBNP | - 9.776 | 0.000 | Dir_FrdBidN | 18.889 | 0.000 |
| Ind_FrdLNP | 18.485 | 0.000 | Indir_FrdBidRetP | 26.740 | 0.000 |
| Dir_FrdBN | 14.584 | 0.000 | Dir_FrdBidRetP | 27.260 | 0.000 |
| Dir_FrdLNP | 11.732 | 0.000 | Ln_Indir_FrdBidAmt | 3.208 | 0.000 |
| Dir_FrdBNP | - 0.254 | 0.799 | Ln_Dir_FrdBidAmt | 6.133 | 0.000 |
| Dir_FrdLN | 28.870 | 0.000 | Dir_FrdBidAmt | 9.968 | 0.000 |
| Dir_FrdN | 21.612 | 0.000 | Dir_FrdBidAmP | 5.850 | 0.000 |
| Ind_FrdN | 4.709 | 0.000 | Indir_FrdBidAmt | 5.013 | 0.000 |
| Indir_FrdBidSucN | 9.965 | 0.000 | Indir_FrdBidAmP | 3.778 | 0.000 |
| Indir_FrdBidSucP | 27.512 | 0.000 | Ln_Dir_FrdBidAmP | 5.465 | 0.000 |
| Dir_FrdBidSucN | 18.731 | 0.000 | Ln_Indir_FrdBidAmP | 6.913 | 0.000 |
| BPcount | 21.422 | 0.546 | / | / | / |

### 2.4.3　朋友网络风险特征的违约风险预测价值检验

为了检验朋友网络风险特征在项目违约风险预测中的价值，本次实验步骤如下：首先，考虑到这些特征之间可能存在多重共线性，也为了降低预测模型的复杂性，提升预测的效果，本章节对这 24 个朋友网络风险特征进行主成分分析，提取了其中 6 个主成分，可解释这 24 个朋友网络特征中的 76% 的信息；其次，利用样本数据 C 和多种传统非线性模型，进行交叉验证，对比模型中加入朋友网络风险特征前后其预测准确率的变化，以检验朋友网络特征是否有助于提高模型的项目违约风险预测精度，实验结果如图 2.2 所示。

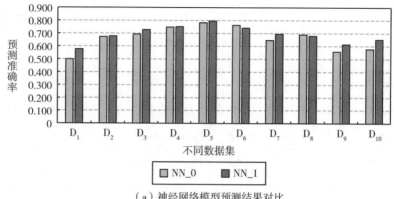

（a）神经网络模型预测结果对比

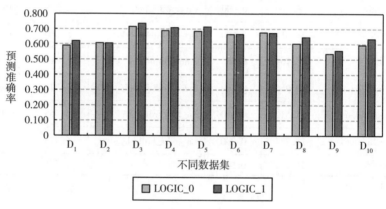

（b）Logistic模型预测结果对比

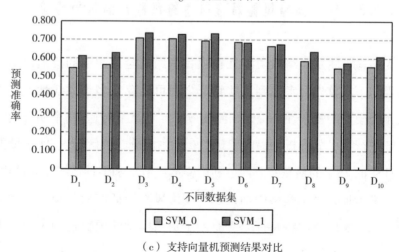

（c）支持向量机预测结果对比

图2.2 加入朋友网络特征前后不同模型的预测结果对比

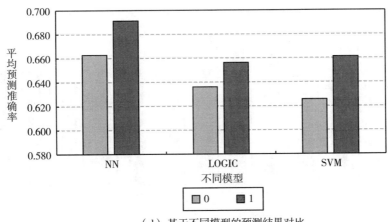

（d）基于不同模型的预测结果对比

**图2.2　加入朋友网络特征前后不同模型的预测结果对比（续）**

从图2.2中对比发现，在这3种传统的非线性预测模型中，与基于单纯财务特征的预测结果相比，基于混合特征（即传统的财务特征和朋友网络特征相结合）的预测效果普遍更好。其中，从图2.2（d）可知，在神经网络模型的交叉验证结果中，基于混合特征的违约风险预测模型（NN_1）的平均准确率要比基于单纯财务特征的违约风险预测模型（NN_0）高出2.8个百分点；在Logistic模型的交叉验证结果中，基于混合特征的违约风险预测模型（LOGIC_1）的平均准确率要比基于单纯财务特征的违约风险预测模型（LOGIC_0）高出2.0个百分点；在支持向量机的交叉验证结果中，基于混合特征的违约风险预测模型（SVM_1）的平均准确率要比基于单纯财务特征的违约风险预测模型（SVM_0）高出3.6个百分点。

最后，对比加入朋友网络特征后各模型的预测准确性的高低，如图2.3所示，实验结果表明，对于不同的数据集 $D_i$，相对于基于混合特征的 Logistic 预测模型（LOGIC_1）和基于混合特征的支持向量机预测模型（SVM_1），基于混合特征的神经网络预测模型（NN_1）的预测效果整体更好。

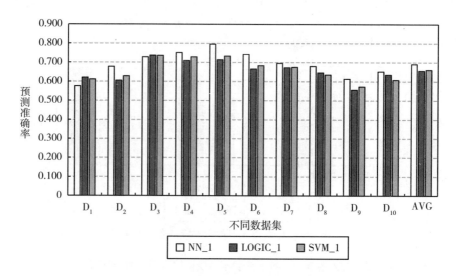

图 2.3　基于朋友网络特征的不同模型预测结果对比

通过以上实验结果，可验证 $H_3$ 成立，即在 Prosper 平台的朋友关联网络中，蕴含着与项目违约风险显著相关的信息；基于互联网金融市场对象关联网络模型中的朋友关联网络，从中发掘与项目违约风险显著相关的朋友网络风险特征，并将其应用于项目违约风险预测模型，可有效地提高模型预测的准确率。

## 2.5 本章小结

对互联网金融投资者行为的相关研究进行了归纳与阐述，主要体现在学习行为研究、行为偏差研究、羊群行为研究等方面；对互联网金融市场投资者行为特点、决策问题及投资者决策行为主要影响因素进行分析，阐述了互联网金融市场中与投资者决策行为相关的知识发现视角及主要对象之间的各种关联，为后续章节投资者决策行为相关特征发掘及投资者决策行为影响因子的设计奠定了基础；基于互联网金融市场对象关联网络模型，依据多维社会资本理论，综合考察了互联网金融市场对象关联网络模型中的网络成员之间由于朋友关联而形成的朋友层次关系，以及朋友关联网络成员之间由于其他对象而形成的间接关系，更为全面地发掘了其中与项目违约风险相关的朋友网络候选特征；通过对朋友网络候选特征与项目是否违约之间的相关性分析，遴选出与项目违约风险存在显著相关的特征，并通过实验设计对平台朋友关联网络信息在项目违约风险预测中的价值进行了验证，为后续个性化投资推荐方案设计中的投资组合优化提供支持。

第**3**章

# 考虑朋友关系的个性化投资推荐

本章基于互联网金融市场对象关联网络模型，分析考虑朋友关系的项目及投资者相关概念特征，并构建相应的概念模型；基于考虑朋友关系的项目及投资者相关概念模型，构建基于投资者朋友关系的朋友投标行为影响因子，设计考虑投资者朋友关系的投资项目推荐过程，构建考虑投资者朋友关系的个性化投资项目推荐模型（即 FNI 模型）；考虑到朋友网络风险特征的在项目违约风险预测中的价值，提出基于朋友网络风险特征的投资组合优化方法，结合 FNI 模型，设计综合考虑朋友关系的投资推荐框架，构建考虑朋友关系的投资推荐模型（即 FNI_SC 模型）；设计新的投资推荐质量评价指标；通过实证研究对 FNI 模型和 FNI_SC 模型的投资推荐效果及经济性能进行评价。

## 3.1 问题的提出

对于潜在的投资者来说，要保证其投资效益，其中首要的决策问题就是如何从众多的可投资项目中选择真正符合自己投资需求与偏好的项目。通过个性化投资推荐算法设计，可以在对互联网金融市场对象相关信息进行快速分析的基础上，预估各种不同投资者的投资需求与偏好，并分别提供相应投资项目及投资策略。目前，关于互联网金融市场的个性化投资推荐研究不多。考虑到投资者私人信息的不完全及项目违约风险关键信息质量较低等问题，现有文献大多是利用项目风险评估结果、投资者历史交易数据及其社交关联数据等信息，分析项目与投资者之间、借款人与项目之间及投资者之间的各种关联，并在此基础上设计个性化的投资推荐方案，为不同投资者提供相应的投资推荐服务。

赵等（Zhao et al.，2015）针对不同投资者，重构投资决策过程，首先，根据项目信用评估结果及投资者历史交易数据，为每一位投资者产生一份推荐投资项目列表；其次，根据投资组合理论，对该推荐列表中的每一个投资项目的投资份额进行优化。该方法考虑了不同投资者当前的投资状态的差异性，提出了基于风险管理的个性化投资推荐策略。然而，该方法存在两个局限性，一是在确定推荐投资项目列表时，主要是从项目与投资者之间的投资关系、借款人与项目之间的从属关系等角度出发进行算法设计，忽视了互联网金融平台在线社会网络中投资者之间的朋友关系及其对投资者投资决策行为的影响，这将降低投资项目推荐的准确率和召回率，影响推荐结果的有效性。二是在进行投资组合推荐算法设计时，未考虑投资者的风险差异对项目投资份额分配的影响，这将不利于投资者投资额在推荐投资项目列表中的合理分配，影响投资者投资决策的满意度。

朱梦莹等（2016）首先对项目进行风险评估，并在此基础上，结合经济学剩余价值理论，提出剩余价值最大化投资推荐框架，具有一定的有效性；但对互联网金融平台各对象之间的相互关联研究较少，同时也忽视了其中投资者之间的朋友关系及其对投资者决策行为的影响；朋友关系作为互联网金融市场重要的社会关系之一，其中某个投资者的社会地位状况及关系指向特征将会对其他投资者决策行为与策略选择产生重要影响。通过对互联网金融市场投资者之间的朋友关联进行分析，将有助于了解投资者之间投资决策行为的相互作用，更好地把握投资者的投资动向，有利于提高互联网金融投资推荐效果。

基于以上分析，为了能够提高个性化投资推荐性能，本章基于 2.2.2 节所提出的互联网金融市场对象关联网络模型，综合分析朋友关系对互联网金融个性化投资推荐的意义；首先分析其中的投资者之间的朋友关系，设计并计算投资者的朋友投标行为影响因子，并在此基础上设计基于投资者朋友关系的个性化投资项目推荐过程；其次基于 2.3.3 节研究思路与结果，设计考虑朋友网络风险特征的投资组合优化方案，提出考虑朋友关系的个性化投资推荐方法。

## 3.2 考虑投资者朋友关系的项目和投资者的概念模型

本章节将依据 2.2.2 节所提出的互联网金融市场对象关联网络模型，分别分析项目和投资者的相关概念特征，得出相应的概念模型，为后续设计仅考虑投资者朋友关系的个性化投资项目推荐及综合考虑朋友关系的个性化投资推荐提供支持。

### 3.2.1 考虑投资者朋友关系的项目概念模型

在投标期间，对于互联网金融市场对象关联网络的项目集 P 中的任一项目 $p_i(i=1,2,\cdots,n)$，项目预期回报率 $p_i^E$ 和项目违约风险 $p_i^{risk}$ 是可反映其质量的两个最为基本的概念特征；而项目实际回报率 $p_i^{real}$ 和项目期

望回报率 $p_i^*$ 是可反映其质量的两个复合概念特征。

其中，假设 $p_i^E$ 用项目的贷款利率表示；$p_i^{real}$ 表示项目的实际回报率，当 $p_i$ 违约，则 $p_i^{real}$ 为 0，否则 $p_i^{real}$ 为项目的贷款利率；而 $p_i^{risk}$ 难以直接衡量。可利用历史数据训练违约风险预测模型，然后根据项目 $p_i$ 的属性特征（如借款数量、借款利率、借款期限和信用等级）和与之存在从属关系 $E_3$ 的借款人的属性特征（如债务收入比）及相应的已训练的项目违约风险预测模型求得 $p_i^{risk}$。这样，假设项目集 P 中的任一项目 $p_i$（i = 1，2，…，n），其违约风险预测特征可用一个对应的元组表示为 $p_i$ =（$p_i^{amt}$，$p_i^{rate}$，$p_i^{term}$，$p_i^{gat}$，$p_i^{boi}$），其中 $p_i^{amt}$ 表示借款数量，$p_i^{rate}$ 表示借款利率，$p_i^{term}$ 表示借款期限，$p_i^{gat}$ 表示信用等级，$p_i^{boi}$ 表示借款人的债务收入比，我们采用常用的 Logistic 回归方法进行项目违约风险预测，$p_i^{risk}$ 如下所示。

$$p_i^{risk} = \frac{\exp(\beta^T \cdot p_i)}{1 + \exp(\beta^T \cdot p_i)} \tag{3.1}$$

其中，β 是系数，根据已完成的历史数据和最大似然估计方法可对 β 进行训练。

$p_i^*$ 反映项目的期望回报率，与项目的预期回报率和违约风险相关，即 $p_i^* = p_i^E(1 - p_i^{risk})$。

这样，基于互联网金融市场对象关联网络模型的借贷项目概念模型可表示为 $p_i = \{p_i^E, p_i^{risk}, p_i^{real}, p_i^*\}$，分别表示借贷项目的预期回报率、违约风险、实际回报率和期望回报率。

## 3.2.2　考虑投资者朋友关系的投资者概念模型

与项目概念模型类似，对于互联网金融市场对象关联网络的投资者集合 L 中的任一投资者 $l_j$（j = 1，2，…，m），可以将其概念模型表示为 $l_j = \{l_j^E, l_j^{risk}, l_j^{Prisk}, l_j^{real}, l_j^n\}$，分别表示投资者的预期回报率、预期投资风险、历史投资风险、实际回报率和投资能力。

投资者的预期回报率 $l_j^E$ 可定义为投资者 $l_j$ 过去所投资的项目预期回报率的加权平均值，即 $l_j^E = \sum_{k=1}^{|S_j^p|} w_{jk} p_k^E$，其中，$w_{jk}$ 表示投资者 $l_j$ 投资项目 $p_k$ 的资金占其总投资额的比例，$S_j^p$ 表示投资者 $l_j$ 过去所投资的项目集合。

投资者的预期投资风险 $l_j^{risk}$ 可定义为投资者 $l_j$ 过去所投资的项目违约风险的加权平均值，即 $l_j^{risk} = \sum_{k=1}^{|S_j^p|} w_{jk} p_k^{risk}$，可反映投资者在历史投资过程中的投资风险承受能力；投资者的历史投资风险为 $l_j^{Prisk} = \sqrt{\sum_{k=1}^{|S_j^p|} (w_{jk})^2 (p_k^{risk})^2}$，其中，$w_{jk}$ 表示投资者 $l_j$ 投资项目 $p_i$ 的资金占其总投资额的比例，$S_j^p$ 表示投资者 $l_j$ 过去所投资的项目集合。

投资者的实际回报率 $l_j^{real}$ 可定义为投资者 $l_j$ 过去所投资的项目实际回报率的加权平均值，即 $l_j^{real} = \sum_{k=1}^{|S_j^p|} w_{jk} p_k^{real}$，其中 $w_{jk}$ 表示投资者 $l_j$ 投资项目 $p_i$ 的资金占其总投资额的比例，$S_j^p$ 表示投资者 $l_j$ 过去所投资的项目集合；一般认为，投资者的投资能力与其最终所能获得的实际回报率有关，获得的实际回报率越大，其投资能力越强，因此，投资者的投资能力 $l_j^p = 1/[1 + \exp(-l_j^{real}/h)]$，其中，$h$ 为调节参数。

### 3.2.3 基于投资者朋友关系的朋友投标行为影响因子

沈等（Shen et al., 2010）指出互联网金融市场投资者进行投资决策时往往更多地受到社会资本因素的影响，由于投资者面临异构偏好或者因获取及分析相关决策信息需要花费大量成本，会出现羊群行为，此时朋友投标将对其决策行为产生重要影响。因此，投资者 $l_j$ 是否愿意对借贷项目 $p_i$ 投标，除了与其初始投资偏好有关，还会受到其朋友（特别是

直接朋友）投资行为的影响，一般投资者的直接朋友投资能力越强，其
投资决策对该投资者的投资行为的影响会越大。

　　本章节首先基于互联网金融市场对象关联网络模型，分析其中投资
者之间的朋友关联，设计投资者的朋友投标行为影响因子，用于反映投
资者对某一项目的投资偏好受到其直接朋友投标行为的影响程度；其次
将投资者的朋友投标行为影响因子引入个性化投资推荐模型的设计中，
以期能更为准确地把握投资者的当前投资偏好，提高投资项目推荐的有
效性。

　　基于互联网金融市场对象关联网络模型的投资者朋友关系网络可定
义为：$G = \{L, \overline{E_1}\}$，其中 $L = \{l_1, l_2, \cdots, l_j, \cdots, l_n\}$ 为该平台的投资者集合，
构成投资者朋友关系网络的节点，$\overline{E_1} \subset E_1$ 为投资者朋友关系网络中任意
两个节点之间的朋友关系集合。假设投资者朋友关系网络中的某一投资
者 $l_j$ 的直接朋友的集合为 $L_j$，则投资者 $l_j$ 与任一投资者 $l_k \in L_j$ 之间存在
$(l_j, l_k) \in \overline{E_1}$；同时，如果投资者 $l_k$ 与项目 $p_i \in P$ 之间存在 $(l_k, p_i) \in E_2$，
则 $A_{ki} = 1$，否则 $A_{ki} = 0$。对于项目 $p_i$，可计算投资者 $l_j$ 的朋友投标行为影
响因子，如下所示。

$$l_{ji}^a = \frac{\sum_{k=1}^{|L_j|} l_k^{real} A_{ki}}{\sum_{k=1}^{|L_j|} A_{ki}} \qquad (3.2)$$

其中，$|L_j|$ 为投资者 $l_j$ 的直接朋友个数。

## 3.3 考虑朋友关系的个性化投资推荐模型设计

　　基于用户协同过滤（user – based collaborative filtering，UCF）的个性
化推荐方法，综合考虑项目投资相似度和项目投资者能力，结合投资者
的朋友投标行为影响因子，设计考虑投资者朋友关系的个性化投资项目

推荐模型（即 FNI 模型），以确定每一位投资者的推荐投资项目列表；基于引入朋友网络风险特征的项目违约风险预测方法，设计考虑朋友网络风险特征的投资组合优化模型（即 SC 模型）；综合考虑投资者朋友关系及借款人的朋友网络风险特征，构建考虑朋友关系的个性化投资推荐框架（即 FNI_SC 模型）。

### 3.3.1　确定个性化推荐投资项目列表

基于传统的 UCF 推荐方法，对于项目 $p_i$，投资者 $l_j$ 投资兴趣大小可以通过计算其与已投资该项目 $p_i$ 的投资者之间的投资相似度来确定，计算公式如下所示。

$$\gamma(l_j, p_i) = \frac{\sum_{k \in S_i^l} s(l_j, l_k)}{|S_i^l|} \tag{3.3}$$

其中，$S_i^l$ 表示已投资项目 $p_i$ 的所有投资者的集合；$\gamma(l_j, p_i)$ 为投资者 $l_j$ 对项目 $p_i$ 的兴趣值；$s(l_j, l_k)$ 表示投资者 $l_j$ 和投资者 $l_k$ 的相似度，计算方法如下所示：

$$s(l_j, l_k) = \frac{|S_j^p \cap S_k^p|}{|S_j^p \cup S_k^p|} \tag{3.4}$$

其中，$S_j^p$ 表示投资者 $l_j$ 所投资项目的集合，$S_k^p$ 表示投资者 $l_k$ 所投资项目的集合。

赵等（2015）综合考虑项目投资相似度和项目投资者能力对投资者投资偏好的影响，将投资者 $l_j$ 对项目 $p_i$ 的兴趣度表示为：

$$\gamma(l_j, p_i) = \frac{\sum_{k \in S_i^l} s(l_j, l_k) l_j^n}{|S_i^l|} \tag{3.5}$$

然而，投资者的投资偏好不仅与项目投资相似度和项目投资者能力有关，而且在很大程度上还会受到其朋友（特别是有投资能力的直接朋友）投资决策的影响。因此，本章在赵等（Zhao et al.，2015）提出方法的基础上，进一步考虑投资者朋友关系中投资者 $l_j$ 的直接朋友的投资能力及其对项目 $p_i$ 的投资情况，分析其对投资者 $l_j$ 的投资偏好的影响，并将投资者 $l_j$ 对投资项目 $p_i$ 的兴趣度调整为：

$$\gamma(l_j, p_i) = \frac{\sum_{k \in S_i^l} s(l_j, l_k) l_j^n}{|S_i^l|}(1 + l_{ji}^a) \qquad (3.6)$$

一般认为，$\gamma(l_j, p_i)$ 越大，表示投资者 $l_j$ 对项目 $p_i$ 的兴趣度越大，投资者 $l_j$ 在进行投资项目选择时越有可能选择项目 $p_i$。对于每一位投资者 $l_j$，可由 $\gamma(l_j, p_i)$ 值的大小排序，产生一个粗略的推荐投资项目列表 $T_{j1}$。

对于当前的投资者较少的项目或新项目带来的推荐"冷启动"现象，可先判断该项目是否为投资者 $l_j$ 的支持组项目[①]，如果是，则将该项目添加到推荐投资项目列表 $T_{j1}$ 中，并安排在与之最为相似的项目前面，形成推荐投资项目列表 $T_{j2}$。

### 3.3.2  考虑投资者朋友关系的投资项目推荐过程

本章节描述考虑投资者朋友关系的投资项目推荐过程，如算法 3.1 所示，包含 2 个输入数据集和 2 个参数。其中，SetH 是训练数据集，由过去的是否违约已知的项目组成；SetT 是测试数据集，在该数据集中包含了当前潜在投资者可投标的借贷项目，这些项目是否违约是未知的。

**算法 3.1**  考虑投资者朋友关系的投资项目推荐模型（即 FNI 模型）。

输入：训练数据集 SetH，测试数据集 SetT，以及分别包含的项目样本数量 $n_1$，$n_2$；投资者的投资能力与实际回报率之间的调节参数 h（实验

---

[①]  对于某一位贷款人，其支持组是指该投资者特别关注或较为信任的借款人的集合，贷款人的支持组项目是指其支持组中成员的借贷项目。

时设为 0.05）；

输出：个性化的推荐投资项目列表 $\{\mathbf{T}_j^2\}_{j=1}^{|L|}$。

／＊初始化及模型训练＊／

（1）$\{H_i\}_{i=1}^{n_1},\{T_i\}_{i=1}^{n_2}$；／＊对 SetH 和 SetT 进行预处理＊／

（2）$\{\boldsymbol{\beta}_i\}_{i=1}^{n_1}$；／＊训练各项目 $p_i$ 的违约风险预测模型＊／

（3）$\left\{p_i^{Hrisk} = \dfrac{\exp(\boldsymbol{\beta}_i^{T}\mathbf{p}_i^{RF})}{1 + \exp(\boldsymbol{\beta}_i^{T}\mathbf{p}_i^{RF})}\right\}_{i=1}^{n_1}$；／＊预测 SetH 中各项目 $p_i$ 的违约风险 $p_i^{Hrisk}$＊／

／＊建立 SetH 和 SetT 中各项目 $p_i$ 的概念模型＊／

（4）$\{p_i^{HE}\}_{i=1}^{n_1},\{p_i^{TE}\}_{i=1}^{n_2}$；／＊分别计算 SetH 和 SetT 中各项目 $p_i$ 的预期回报率＊／

（5）$\{p_i^{Hreal}\}_{i=1}^{n_1},\{p_i^{Treal}\}_{i=1}^{n_2}$；／＊分别计算 SetH 和 SetT 中各项目 $p_i$ 的实际回报率＊／

（6）$\left\{p_i^{Trisk} = \dfrac{\exp(\boldsymbol{\beta}_i^{T}\mathbf{p}_i^{RF})}{1 + \exp(\boldsymbol{\beta}_i^{T}\mathbf{p}_i^{RF})}\right\}_{i=1}^{n_2}$；／＊预测 SetT 中各项目 $p_i$ 的违约风险 $p_i^{Trisk}$＊／

／＊建立投资者集合 L 中各投资者 $l_j$ 的概念模型＊／

（7）$\left\{l_j^{E} = \sum_{i=1}^{|S_j^P|} w_{ji}p_i^{HE}\right\}_{j=1}^{|L|}$；

（8）$\left\{l_j^{real} = \sum_{i=1}^{|S_j^P|} w_{ji}p_i^{Hreal}\right\}_{j=1}^{|L|}$；

（9）$\left\{l_j^{n} = \dfrac{1}{1 + \exp(-l_j^{real}/h)}\right\}_{j=1}^{|L|}$；

（10）$\left\{l_{ji}^{a} = \dfrac{\sum_{k=1}^{|L_j|} l_k^{real} A_{ki}}{\sum_{k=1}^{|L_j|} A_{ki}}\right\}_{j=1}^{|L|}$；

（11）$\left\{l_j^{risk} = \sum_{i=1}^{|S_j^P|} w_{ji}p_i^{Hrisk}\right\}_{j=1}^{|L|}$；

（12）$\left\{l_j^{Prisk} = \sum_{i=1}^{|S_j^P|} (w_{ji})^2 (p_i^{Hrisk})^2\right\}_{j=1}^{|L|}$；

／＊确定 SetT 中接受投资推荐的各投资者 $l_j$（$1 \leqslant j \leqslant m_{ac}$）的推荐投资项目列表 $\mathbf{T}_j^2$＊／

$$(13) \left\{ \left\{ r_t(l_j, p_i) = \frac{\sum_{l_k \in S_{it}^l} s(l_j, l_k) l_j^n}{|S_{it}^l|} (1 + l_{ji}^a) \right\}_{i=1}^{n_2} \right\}_{j=1}^{m_{ac}} ;$$

其中，$s(l_j, l_k) = \dfrac{|S_j^p \cap S_k^p|}{|S_j^p \cup S_k^p|}$。

基于投资者朋友关系的投资项目推荐过程可描述如下：

第 1 步：初始化及模型训练过程［第（1）~（3）行］。首先，对训练数据集 SetH 和测试数据集 SetT 进行预处理；其次，利用 SetH，基于 Logistic 方法训练得到各项目 $p_i$ 的违约风险预测模型的系数向量 $\beta_i$；最后，基于训练好的违约风险预测模型预测 SetH 中各项目 $p_i$ 的违约风险 $p_i^{Hrisk}$。

第 2 步：建立项目概念模型［第（4）~（6）行］。首先，计算 SetH 和 SetT 中各项目 $p_i$ 的预期回报率（$p_i^{HE}, p_i^{TE}$）和实际回报率（$p_i^{Hreal}, p_i^{Treal}$）；其次，基于第 1 步训练得到的违约风险预测模型对测试数据集中各项目 $p_i$ 的违约风险 $p_i^{Trisk}$ 进行预测。

第 3 步：建立投资者概念模型［第（7）~（12）行］。首先，针对每一位投资者 $l_j$，结合历史交易数据及互联网金融市场对象关联信息，分别计算投资者的投资预期回报率 $l_j^E$、预期投资风险 $l_j^{risk}$、历史投资风险 $l_j^{Prisk}$、实际回报率 $l_j^{real}$ 和投资能力 $l_j^n$；其次，针对 SetT 中的项目 $p_i$，结合历史交易数据及投资者朋友关系网络信息，分析投资者 $l_j$ 对项目 $p_i$ 的投资兴趣受其直接朋友投标行为的影响程度，即基于投资者朋友关系计算投资者朋友投标行为影响因子 $l_{ji}^a$。

第 4 步：基于投资者朋友关系确定投资者的推荐投资项目列表［第（13）行］。首先，针对每一位投资者 $l_j$，结合 SetT 中项目 $p_i$ 的投标情况，分别计算该时刻 t 投资者 $l_j$ 与项目 $p_i$ 的其他投资者 $l_k$（$l_k \in S_{it}^l$）的相

似度 $s(l_j, l_k)$，其中 $S_{it}^l$ 为截至时刻 $t$ 已投标了项目 $p_i$ 的所有投资者的集合；其次，综合考虑项目投资相似度 $s(l_j, l_k)$、项目投资者能力 $l_j^n$ 和基于投资者朋友关系的投资者朋友投标行为影响因子 $l_{ji}^n$，针对每一位投资者 $l_j$，计算其对 SetT 中各项目 $p_i$ 的投资兴趣度；最后，根据投资者 $l_j$ 对 SetT 中各项目 $p_i$ 的投资兴趣度及投资者支持组项目，确定推荐投资项目列表 $T_j^2$。

### 3.3.3 基于朋友网络风险特征的投资组合优化过程

对于互联网金融市场投资者来说，面对已选定的若干投资项目，如何确定其投资额的合理分配，在保证投资收益的前提下，尽可能降低投资风险，是互联网金融投资推荐的又一关键决策问题。在利用传统投资组合优化方法处理该问题的过程中，准确地预测项目的违约风险是有效解决这一重要决策问题的关键。以往项目违约风险预测研究主要是基于财务信息，由于互联网金融市场往往具有决策信息不完全或质量不高、总体安全性低、平均风险性高等特点，单纯以财务信息构建违约风险预测指标进行项目风险预测，将影响预测的有效性，降低投资组合推荐的效果，不利于投资者的投资风险规避。通过引入 2.3 节所发掘的朋友网络风险特征构建项目违约风险预测模型并将其应用于传统的投资组合优化模型（即 FC 模型），将有望提高投资组合推荐的有效性，保证投资者的投资经济效益的同时，尽可能降低投资风险。

基于朋友网络风险特征的投资组合优化过程如算法 3.2 所示，包含 2 个输入数据集。其中，SetH 是训练数据集，由过去的是否违约已知的项目组成；$T_j^2$ 是推荐项目数据集，该数据集是当前投资者 $l_j$ 的推荐投资项目列表中各项目的相关数据的集合，这些项目是否违约是未知的。

**算法 3.2** 基于朋友网络风险特征的投资组合优化模型（即 SC 模型）。

输入：训练数据集 SetH，推荐项目数据集 $\mathbf{T}_j^2$，以及分别包含的项目样本数量 $n_1$，$n_2$；

输出：推荐投资项目投资金额分配比例 $\{\mathbf{v}_j\}_{j=1}^{|L|}$。

／＊初始化及模型训练＊／

（1）$\{H_i\}_{i=1}^{n_1}$，$\{T_i\}_{i=1}^{n_2}$；／＊对 SetH 和 $\mathbf{T}_j^2$ 各项目财务特征及朋友网络特征进行统计计算及预处理＊／

（2）$\{M_i^{NN}, M_i^{LOG}, M_i^{SVM}\}_{i=1}^{n_1}$；／＊基于较为常用的 3 种非线性预测方法，即支持向量机（SVM）、神经网络（NN）和 Logistic 回归（LOG），分别训练各项目 $p_i$ 的违约风险预测模型＊／

／＊模型评估及相关概念特征计算＊／

（3）$\{MAX\{M_i^{NN}, M_i^{LOG}, M_i^{SVM}\}_{i=1}^{n_1}\}_{i=1}^{n_2}$；／＊评估三种模型，选择预测效果最好的模型，预测 $\mathbf{T}_j^2$ 中各项目 $p_i$ 的违约风险 $p_i^{Trisk}$＊／

（4）$\{p_i^{HE}\}_{i=1}^{n_1}$，$\{p_i^{TE}\}_{i=1}^{n_2}$；／＊分别计算 SetH 和 $\mathbf{T}_j^2$ 中各项目 $p_i$ 的预期回报率＊／

（5）$\{l_j^E = \sum_{i=1}^{|S_j^p|} w_{ji} p_i^{HE}\}_{j=1}^{|L|}$；

／＊确定各投资者 $l_j (1 \leqslant j \leqslant m_{ac})$ 的推荐投资项目列表 $\mathbf{T}_j^2$ 的投资额分配列表 $\mathbf{v}_j$＊／

（6）$\left\{ \begin{array}{l} \min \sum_{i=1}^{|v_j|} \left(\dfrac{v_{ji}}{M_j}\right)^2 (p_i^{Trisk})^2 \\[2mm] s.\,t. : \sum_{i=1}^{|v_j|} v_{ji} = M_j, \\[2mm] \qquad \sum_{i=1}^{|v_j|} p_i^{TE} = l_j^E, \\[2mm] \qquad v_{ji} \geqslant 0, i = 1, 2, \cdots, |v_j|. \end{array} \right\}_{j=1}^{m_{ac}}$；

基于朋友网络风险特征的投资组合推荐过程可描述如下：

第 1 步：初始化及模型训练过程 [第（1）~（2）行]。首先，对训练数据集 SetH 和 $\mathbf{T}_j^2$ 中各项目财务特征及朋友网络风险特征进行统计计算及预处理；其次，利用 SetH 分别训练得到各项目 $p_i$ 的基于神经网络违约风险预测模型 $M_i^{NN}$、基于 Logistic 方法的违约风险预测模型 $M_i^{LOG}$ 和基于支持向量机违约风险预测模型 $M_i^{SVM}$。

第 2 步：模型评估及相关概念特征计算［第（3）~（5）行］。首先，利用 SetH 和 K – 折交叉验证（一般 K 取值为 10）方法评估各违约风险预测模型（即 $M_i^{NN}$，$M_i^{LOG}$，$M_i^{SVM}$）预测效果，选择其中预测准确率最高的模型进行推荐投资项目违约风险预测；其次，计算 SetH 和 $T_j^2$ 中各项目 $p_i$ 的预期回报率($p_i^{HE}$，$p_i^{TE}$)；最后，针对每一位投资者 $l_j$，结合历史交易数据及互联网金融市场对象关联信息，分别计算投资者的投资预期回报率 $l_j^E$。

第 3 步：引入朋友网络风险特征进行违约风险预测，借助传统投资组合优化方法，确定各投资者的推荐投资项目投资额分配［第（6）行］。针对每一位投资者 $l_j$，根据第 2 步所估计的推荐投资项目违约风险，在保证投资收益的同时尽可能降低投资风险，建立考虑朋友网络风险特征的投资组合优化模型，确定投资者 $l_j$ 的总投资额 $M_j$ 在推荐投资项目列表 $T_j^2$ 中的分配金额列表 $\mathbf{v}_j$。

基于朋友网络风险特征的投资组合优化方法的价值检验思路如下：

首先，为了提高实验的有效性和检验结果的可靠性，本章选择了基于用户协同过滤（user – based collaborative filtering，UCF）的个性化推荐方法（以下简称 UCF 方法）、综合考虑项目投资相似度和项目投资者能力的推荐方法（以下简称 RGP 方法）及 3.3.2 节所提出的考虑投资者朋友关系的投资项目推荐方法（以下简称 FNI 方法），分别确定每一位投资者 $l_j$ 的推荐投资项目列表 $T_j^{UCF}$、$T_j^{RGP}$、$T_j^{FNI}$。

其次，依据传统的投资组合优化方法，利用 2.3.3 节所述思路分别构建基于传统财务指标预测模型 $M_1$ 和引入朋友网络风险特征后的混合指标预测模型 $M_2$，进行项目违约风险预测，并在此基础上，针对每一位投资

者 $l_j$ 相应的投资项目列表（即 $\mathbf{T}_j^{UCF}$、$\mathbf{T}_j^{RGP}$、$\mathbf{T}_j^{FNI}$）分别进行组合投资优化，确定其投资额在推荐投资项目列表中的分配。

最后，在利用 UCF 方法、RGP 方法和 FNI 方法确定推荐投资项目列表的基础上，分别对基于 $M_1$ 的投资组合优化方案和基于 $M_2$ 的投资组合优化方案的投资组合推荐经济效果进行对比，以分析引入朋友网络风险特征对互联网金融市场投资组合推荐结果的经济影响。

## 3.4　实验结果与分析

### 3.4.1　数据来源

实验数据来源于美国 Prosper 网络借贷平台 2006 年 1 月至 2012 年 1 月期间的开放数据。该数据集包含相互关联的 7 类对象信息，分别是项目类别、群组、注册成员、列表项目、投资项目、投标、角色，信息量巨大。其中，注册成员 1 309 510 个，列表项目 371 896 个，投标数为 9 638 888 个。为了便于训练和测试，首先，对该数据集进行了初步过滤，选取其中已完结且违约状态明确的 25 229 个项目及与这些项目相关的列表项目、投资项目、投标和注册成员等信息，针对每一个项目，统计计算其投资者信息，同时，针对每一位投资者，统计其直接朋友信息及投标信息，以此作为分析朋友关联关系的基础数据集 A。其次，考虑到数据的完整性，从 25 229 个项目中选取了最终违约状态明确且相关数据完整的 23 488 个项目，针对每一个项目，计算传统财务指标特征值及朋友网络风险特征值，并进行数值化、规范化处理，以此作为样本数据集 B。再次，将样本数据集 B 按时间划分为两个数据集，其中，2006 年 1 月至 2008 年 12 月期间的项目的集合构成训练数据集 SetH$_1$，在该数据集中包含了 19 156 个项目，2009 年 1 月之后最终违约状态明确的 4 332 个项目构成测试数据集 $SetT_1$。拟采用书中所设计的投资推荐方法计算对应的投资者对测试数据集 $SetT_1$ 中的 4 332 个项目的投资兴趣度，确定其推荐投资项目列表。最后，为了分析朋友网络风险特征在投资组合推荐中的应用价值，再一次将样本数据集 B 划分为两个数据集，其中 2010 年 12 月之前的项目作为训练集 $SetH_2$，2011 年期间项目作为测试集 $SetT_2$。

### 3.4.2  考虑投资者朋友关联关系的概念模型分析

通过随机选取 Prosper 平台上的 300 个项目进行统计分析发现，项目的预期回报率与其违约风险显著正相关，如图 3.1（a）所示，它们的 Pearson 相关系数为 0.889。这表明对于潜在的投资者来说，如果他们想赚得越多，就需要试着选择高风险的项目。通过对平台投资者的投资预期风险和实际回报率进行分析发现，并非投资者承担较大的风险就一定能获得更高的投资收益，如图 3.1（b）所示，很多的投资者所承担的风险很大，但它们的实际回报率却很低，究其原因，可能是由于经验不足而冒险选择了单位风险溢价较低的投资项目。

### 3.4.3  考虑投资者朋友关系的投资项目推荐效果分析

设 3.3.2 节所提出的考虑投资者朋友关系的投资项目推荐模型为 FNI 模型，该模型按照 3.3.1 节的式（3.6）计算每一位投资者针对测试数据集 $SetT_1$ 中的 4 332 个项目的投资兴趣度，确定其推荐投资项目列表。为了检验 FNI 模型的有效性，以文献［5］中所提出的 REC_G 模型作为基准模型（简称为 RGP 模型），即按照 3.3.1 节的式（3.5）计算每一位投资者针对测试数据集 $SetT_1$ 中的 4 332 个项目的投资兴趣度，确定其推荐

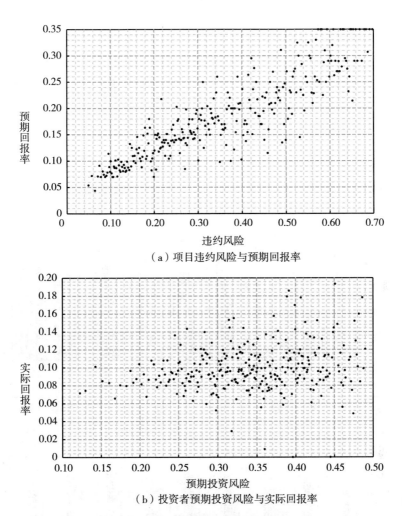

（a）项目违约风险与预期回报率

（b）投资者预期投资风险与实际回报率

**图3.1 项目和投资者相关概念关联**

投资项目列表。为了消除由于推荐投资项目数量的不同选择及随机取样所带来的偏差，保证验证结果的可信度，我们设置了不同的推荐投资项目数 k，并分别计算每一位投资者的相应指标值，然后求平均值。

首先，为了检验 FNI 模型所确定的推荐投资项目列表与投资者实际投资决策的切合程度，本节采用投资推荐中较为常用的 precision、recall、F-measure 指标对上述两种方法的推荐结果进行对比，实验结果如图 3.2（a）所示。根据图 3.2（a）不难发现，随着推荐投资项目数量 k 的增加，两种模型的推荐准确率（即 precision_RGP 和 precision_FNI）都随之下降，但两种模型的推荐召回率（即 recall_RGP 和 recall_FNI）和 F - measure 指标（即 F_RGP 和 F_FNI）都随之上升；与 RGP 基准模型相比，考虑投资者朋友关系的 FNI 模型的各项指标都要更优，这表明考虑投资者朋友关系的投资项目推荐模型（即 FNI 模型）所确定的推荐投资项目列表更能符合投资者的投标兴趣和偏好，更有助于提高推荐的有效性。

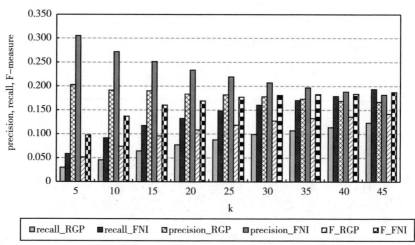

（a）precision、recall、F-measure指标的效果比较

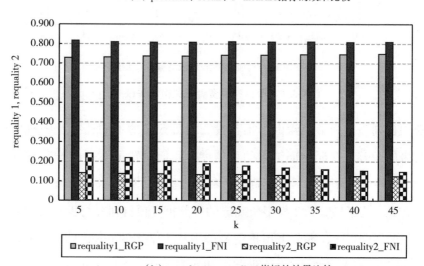

（b）requality1、requality2指标的效果比较

图 3.2　投资推荐的效果比较

其次，为了检验推荐模型所推荐结果的投资决策效果，即向投资者推荐符合其投资需求的非违约项目的能力，本节提出 requality1 指标、requality2 指标进行实验评估。一般认为，模型所确定的推荐投资项目列表中非违约的项目越多，该模型越有助于投资者规避风险；模型所确定的推荐投资项目列表中投资者最终投标且没有违约的项目越多，该模型越有助于投资者正确地选择满足自身投资需求的项目。requality1 指标用于反映所确定的推荐投资项目列表中投资者最终投标且没有违约的项目数占其投资项目数的比例，requality2 指标用于反映投资者最终投标且没有违约的项目数占推荐投资项目数的比例。

$$requality1(j) = \frac{|T_j^{2Paid} \cap l_j^{Bid}|}{|l_j^{Bid}|} \tag{3.7}$$

$$requality2(j) = \frac{|T_j^{2Paid} \cap l_j^{Bid}|}{|T_j^2|} \tag{3.8}$$

其中，$T_j^2$ 是向投资者 $l_j$ 推荐的投资项目的集合，$T_j^{2Paid}$ 是向投资者 $l_j$ 推荐的投资项目中没有违约的投资项目的集合；$l_j^{Bid}$ 是指测试集 SetT 中投资者 $l_j$ 投资的项目的集合。

两种模型针对 requality1、requality2 指标的实验评估结果如图 3.2 (b) 所示。根据图 3.2 (b) 可以发现，与 RGP 基准模型相比，在本章实验数据集中，对于不同的推荐投资项目数量 k，考虑投资者朋友关系的 FNI 模型的 requality1（即 requality1_FNI）、requality2（即 requality2_FNI）指标都要更优，这表明考虑投资者朋友关系的投资项目推荐模型（即 FNI 模型）所确定的推荐投资项目列表在提高推荐性能的同时，还有助于投资者规避投资风险，保证投资者投资决策的有效性。

### 3.4.4　考虑投资者朋友关系的投资项目推荐的经济意义

本章节提出 FNI_FC 模型，并以 RGP_FC 模型为基准模型以分析考虑投资者朋友关系的投资项目推荐方法的经济意义，其中，RGP_FC 模型首先通过 3.3.1 节的式（3.5）计算每一位投资者针对测试数据集 $SetT_1$ 中的 4 332 个项目的投资兴趣度，确定其推荐投资项目列表，并在此基础上依据传统的投资组合优化方法进行投资额的分配；FNI_FC 模型首先在 RGP 模型的基础上进一步考虑投资者朋友关系，即利用 3.3.1 节的式（3.6）计算每一位投资者针对 $SetT_1$ 中的 4 332 个项目的投资兴趣度，确定其推荐投资项目列表，并在此基础上利用传统的投资组合优化方法进行投资额的分配。本节拟采用 3 个指标对以上两种模型的推荐经济效果进行对比分析，以便对基于 FNI 模型的投资组合推荐的经济效果进行全面评价。

第 1 个指标是投资推荐的实际回报率，这是衡量投资组合推荐经济效果的一个重要指标。

在投资组合推荐过程中，如果投资者在推荐结果中的实际回报率与其预期回报率之间的差异越小，同时推荐的准确率和召回率越高，投资者投资的经济效益将越好。第 2 个指标 PAQ（precision and return quality）和第 3 个指标 RAQ（recall and return quality）是在文献 [5] 所提出相关指标的基础上改进得到，目的是考察投资者在推荐结果中的实际回报率与其预期回报率之间的差异对其投资满意度及经济效益的影响，计算公式分别为式（3.9）和式（3.10）。

$$PAQ(j) = precision(j)(CP_j^{real} - CP_j^{E}) \qquad (3.9)$$

$$RAQ(j) = recall(j)(CP_j^{real} - CP_j^{E}) \qquad (3.10)$$

其中，$CP_j^{real}$ 是投资者 $l_j$ 在推荐结果中的实际回报率，即 $CP_j^{real} = \sum_{i=1}^{|v_j|} w_{ji} p_i^{real}$，其中，$w_{ji}$ 表示投资者 $l_j$ 投资项目 $p_i$ 的资金占其总投资额的比例；$CP_j^{E}$ 是投资者 $l_j$ 在推荐结果中的期望回报率，即 $CP_j^{E} = \sum_{i=1}^{|v_j|} w_{ji} p_i^{*}$；precision(j) 和 recall(j) 分别是面向投资者 $l_j$ 的推荐投资项目列表的推荐准

确率和召回率。

为了消除由于推荐投资项目数的不同选择以及随机取样所带来的偏差，保证验证结果的可信度，我们设置了不同的推荐投资项目数，并分别计算每一位投资者的相应指标值，然后求平均值，最终结果如图3.3和图3.4所示。

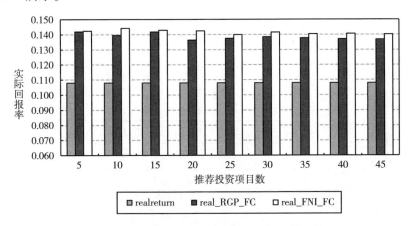

图3.3　不同情况下投资者实际回报率的比较

首先，分析各模型的推荐结果为投资者带来的实际回报率。在图3.3中，real_RGP_FC、real_FNI_FC分别表示RGP_FC、FNI_FC模型的推荐结果为投资者带来的实际回报率。根据图3.3可以发现，在本章实验数据集中，对于不同的推荐投资项目数量k，2种模型的推荐结果为投资者带来的实际回报率都要高于投资者自行投资决策所获得的实际回报率。而与RGP_FC基准模型相比，FNI_FC模型的推荐结果为投资者带来的实际回报率更高。这表明本章所提出的考虑投资者朋友关系的投资项目推荐方法有助于提高投资者的实际收益率，使后续的投资组合推荐的经济性能更好。

其次，评价各模型的投资组合推荐的质量及经济意义，在图3.4（a）和图3.4（b）分别对比了在不同的推荐投资项目数的情况下，各模型的PAQ、RAQ指标的性能。分析发现，FNI_FC模型的投资组合推荐的PAQ、

RAQ 指标的性能都要更好。这表明在投资推荐过程中，考虑投资者朋友投资行为对其投资偏好的影响，可有效地提高后续投资组合推荐的经济性能。

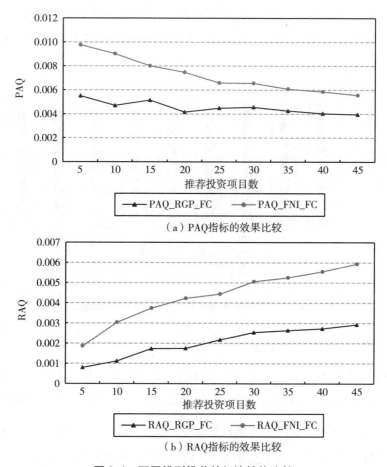

（a）PAQ指标的效果比较

（b）RAQ指标的效果比较

图 3.4　不同模型推荐的经济性能比较

## 3.4.5　考虑朋友关系的投资推荐经济性能分析

为了有效验证朋友关系对互联网金融投资推荐的经济意义，本章节在 UCF、RGP、FNI 模型确定推荐投资项目的基础上设置了两类模型：

第一类是基于传统财务指标预测模型 $M_1$ 进行项目违约风险预测，构建的投资组合推荐模型（即 UCF_FC、RGP_FC、FNI_FC 模型）。

第二类是基于引入朋友网络风险特征后的混合指标预测模型 $M_2$ 进行项目违约风险预测，构建的投资组合推荐模型（即 UCF_SC、RGP_SC、FNI_SC 模型）。

其中，UCF_FC 模型首先通过 3.3.1 节式（3.3）计算每一位投资者针对测试数据集 SetT$_2$ 中的项目的投资兴趣度，确定其推荐投资项目列表，其次针对每一个推荐投资项目，利用预测模型 $M_1$ 进行项目违约风险预测，最后在此基础上结合传统的投资组合优化方法进行投资额的分配；RGP_FC 模型首先通过 3.3.1 节式（3.5）计算每一位投资者针对测试数据集 SetT$_2$ 中的项目的投资兴趣度，确定其推荐投资项目列表，其次针对每一个推荐投资项目，利用预测模型 $M_1$ 进行项目违约风险预测，最后在此基础上结合传统的投资组合优化方法进行投资额的分配；FNI_FC 模型首先通过 3.3.1 节式（3.6）计算每一位投资者针对测试数据集 SetT$_2$ 中的项目的投资兴趣度，确定其推荐投资项目列表，其次针对每一个推荐投资项目，利用预测模型 $M_1$ 进行项目违约风险预测，最后在此基础上结合传统的投资组合优化方法进行投资额的分配；UCF_SC 模型首先通过 3.3.1 节式（3.3）计算每一位投资者针对测试数据集 SetT$_2$ 中的项目的投资兴趣度，确定其推荐投资项目列表，其次针对每一个推荐投资项目，利用预测模型 $M_2$ 进行项目违约风险预测，最后在此基础上结合传统的投资组合优化方法进行投资额的分配；RGP_SC 模型首先通过 3.3.1 节式（3.5）计算每一位投资者针对测试数据集 SetT$_2$ 中的项目的投资兴趣度，确定其推荐投资项目列表，其次针对每一个推荐投资项目，利用预测模型 $M_2$ 进行项目违约风险预测，最后在此基础上结合传统的投资组合优化方法进行投资额的分配；FNI_SC 模型首先通过 3.3.1 节式（3.6）计算每一位投资者针对测试数据集 SetT$_2$ 中的项目的投资兴趣度，确定其推荐投资项目列表，其次针对每一个推荐投资项目，利用预测模型 $M_1$ 进行项目违约风险预测，最后在此基础上结合传统的投资组合优化方法进行投资额的分配。

针对以上 6 种模型，本章节采用 3.5.4 节所述的实际回报率、PAQ指标和 RAQ 指标对各种模型的推荐经济效果进行对比分析，以便全面评价引入朋友网络风险特征进行项目违约风险评估在提高传统投资组合推荐经济效果方面的价值。

为了消除由于推荐投资项目数的不同选择以及随机取样所带来的偏差，保证验证结果的可信度，我们设置了不同的推荐候选投资项目数，并分别计算每一位投资者的相应指标值，然后再求平均值，最终结果如图 3.5、图 3.6、图 3.7 和图 3.8 所示。

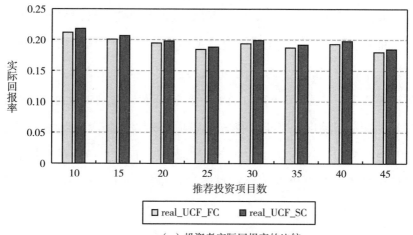

（a）投资者实际回报率的比较

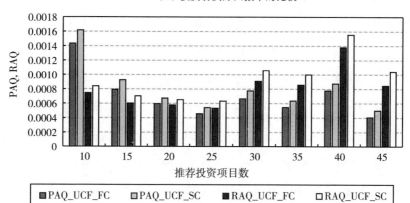

（b）PAQ和RAQ指标的比较

**图 3.5　基于 UCF 投资项目推荐方法的投资组合推荐指标的比较**

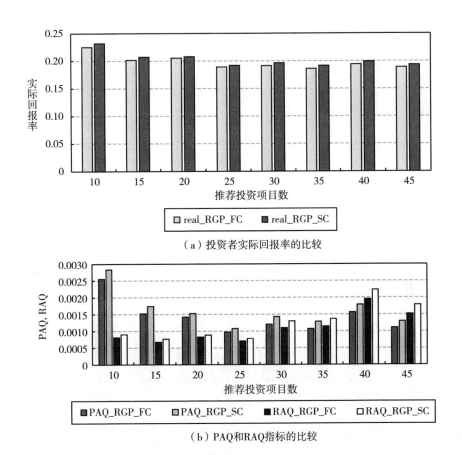

（a）投资者实际回报率的比较

（b）PAQ和RAQ指标的比较

**图3.6 基于 RGP 投资项目推荐方法的投资组合推荐指标的比较**

首先，以第一类模型作为基准模型，将其推荐效果分别与第二类对应的模型进行对比，以分析互联网金融投资组合推荐中朋友网络风险特征发掘与应用的经济意义。

（1）两类模型的推荐结果为投资者带来的实际回报率对比。在图 3.5（a）、图 3.6（a）和图 3.7（a）中，real_UCF_FC、real_UCF_SC、real_RGP_FC、real_RGP_SC、real_FNI_FC、real_FNI_SC 分别表示 UCF_FC、UCF_SC、RGP_FC、RGP_SC、FNI_FC、FNI_SC 这 6 种模型的推荐结果为投资者带来的实际回报率。从图 3.5（a）、图 3.6（a）和图 3.7（a）中可以发现，在本章实验数据集中，对于不同的推荐投资项目数，不同

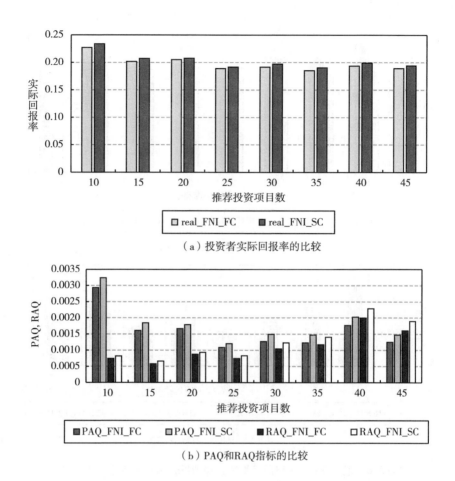

（a）投资者实际回报率的比较

（b）PAQ和RAQ指标的比较

**图 3.7　基于 FNI 投资项目推荐方法的投资组合推荐指标的比较**

的投资项目推荐方法（如 UCF、RGP、FNI 模型），相较于第一类投资组合推荐模型（即 UCF_FC、RGP_FC、FNI_FC 模型），第二类对应的投资组合推荐模型（即 UCF_SC、RGP_SC、FNI_SC 模型）的推荐结果为投资者带来的实际回报率都要更高。这表明朋友关系的朋友网络风险特征的发掘与引入在提高互联网金融市场项目违约风险预测准确率的同时，也有助于改善后续投资组合推荐的经济效果，即本章所提出的考虑朋友网络风险特征的投资组合优化方法能有效地提高投资者的实际收益率，使其投资组合推荐的经济效果更好。

（2）两类模型的投资组合推荐的质量及经济意义评价。在图 3.5
（b）、图 3.6（b）和图 3.7（b）中分别对比了在不同的推荐投资项目数
的情况下，各模型的 PAQ、RAQ 指标的性能。分析发现，在本章实验数
据集中，对于不同的推荐投资项目数，不同的投资项目推荐方法（如
UCF、RGP、FNI 模型），相较于第一类投资组合推荐模型（即 UCF_FC、
RGP_FC、FNI_FC 模型），第二类对应的投资组合推荐模型（即 UCF_SC、
RGP_SC、FNI_SC 模型）投资组合推荐的 PAQ、RAQ 指标的性能都更好。
这表明在投资推荐过程中，在进行项目违约风险预测时引入项目朋友网
络风险特征，并在此基础上建立投资组合优化模型，可有效地提高模型
的投资组合推荐质量，使其推荐结果更具经济意义。

其次，以没有考虑朋友关系的投资推荐模型（即 UCF_FC、RGP_FC
模型）和仅考虑投资者朋友关系的投资推荐模型（即 FNI_FC 模型）这
三种模型作为基准模型，将其推荐结果与综合考虑朋友关系的投资推荐
模型（即 FNI_SC 模型）的推荐结果进行对比，分析考虑朋友关系的互联
网金融投资推荐方法的经济意义。

（1）不同模型的推荐结果为投资者带来的实际回报率对比。在图 3.8
（a）中，real_UCF_FC、real_RGP_FC、real_FNI_FC、real_FNI_SC 分别表
示 UCF_FC、RGP_FC、FNI_FC、FNI_SC 这四种模型的推荐结果为投资者
带来的实际回报率。根据图 3.8（a）可以发现，在本章实验数据集中，
对于不同的推荐投资项目数，相较于其他的推荐模型的推荐结果，综合
考虑朋友关系的互联网金融投资推荐模型（即 FNI_SC 模型）为投资者带
来的实际回报率都要更高。这表明全面考虑互联网金融平台朋友关系有
助于改善投资推荐的效果，能有效地提高投资者的实际收益率，使其投
资组合的经济效果更好。

（2）不同模型的投资组合推荐的质量及经济意义评价。在图 3.8（b）
和图 3.8（c）中分别对比了在不同的推荐投资项目数的情况下，各模型

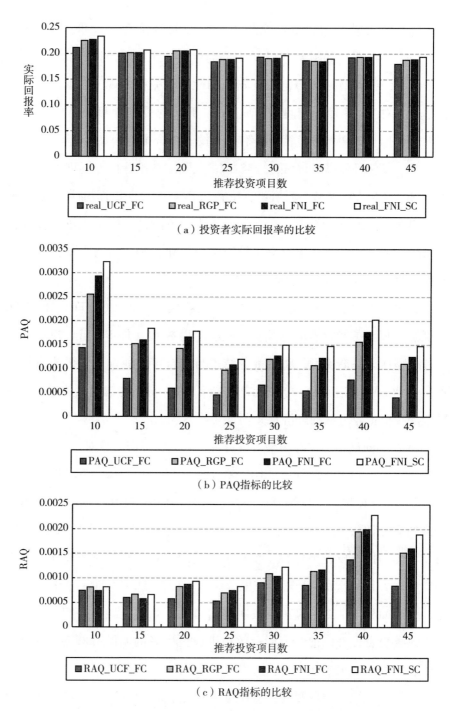

（a）投资者实际回报率的比较

（b）PAQ指标的比较

（c）RAQ指标的比较

图 3.8  不同模型的投资组合推荐指标的比较

的 PAQ、RAQ 指标的性能。分析发现，在本章实验数据集中，对于不同的推荐投资项目数量 k，相较于其他的推荐模型的推荐结果，综合考虑朋友关系的互联网金融投资推荐模型（即 FNI_SC 模型）投资组合推荐的 PAQ、RAQ 指标的性能都更好。这表明在投资推荐过程中，这表明全面考虑互联网金融平台朋友关系推荐方法可有效地提高模型的投资组合推荐质量，使其推荐结果更具经济意义。

## 3.5 本章小结

根据美国 Prosper 市场中的交易数据，在分析互联网金融市场中各对象之间的相互关联关系的基础上构建了互联网金融市场对象关联网络模型，并基于互联网金融市场对象关联网络模型分别计算项目和投资者的相关概念特征，得出相应的概念模型；基于多维社会资本理论，在前人研究的基础上进一步考虑了互联网金融市场对象关联网络模型中投资者的朋友关联关系，分析了投资者的直接朋友投标行为对其投资偏好的影响；在计算投资者对项目的投资兴趣度时，除了考察投资者与项目已投标者的平均投资相似度和借贷项目已投标者的投资能力对投资者投资偏好的影响之外，同时还引入了基于投资者朋友关系的朋友投标行为影响因子，并根据该影响因子调整投资者对项目的投资兴趣度，结合投资者支持组中的新项目信息，以确定面向投资者的个性化的推荐投资项目列表；实验结果表明，在投资项目推荐效果方面，与 RGP 基准模型相比，本章提出的考虑投资者朋友关系的 FNI 模型，不仅在考察推荐投资结果与投资者实际投资结果的切合程度的传统指标 precision、recall、F－measure 上都要更优，而且在本章提出的 requality1、requality2 指标上也都要更优，这表明考虑投资者朋友关系的投资项目推荐方法更能反映投资者的真实投标偏好和投资需求，从而更有助于提高推荐的有效性。在考虑投资者朋友关系的 FNI 模型的经济意义方面，首先，与 RGP_FC 基准模型相比，基于考虑投资者朋友关系的投资项目推荐方法的 FNI_FC 模型的投资者实际回报率以及 PAQ、RAQ 指标整体更优，这表明相对于没有考虑投资者朋友关系的投资项目推荐方法，考虑投资者朋友关系的投资项目推荐方法有助于提高后续投资组合推荐的经济性能，即使后续组合推荐结果更具经济效益；其次，与没有考虑朋友关系的推荐模型（即 UCF_FC、RGP_FC 模型）和仅考虑投资者朋友关系的推荐模型（即 FNI_FC 模型）这三种基准模型相比，综合考虑朋友关系的投资推荐模型（即 FNI_SC 模型）的投资者实际回报率以及 PAQ、RAQ 指标都要更优，这表明相对于没有考虑朋友关系的投资推荐方法或者仅考虑投资者朋友关系的投资推荐方法，综合考虑朋友关系的投资推荐方法的推荐结果经济性能更好。

第 **4** 章

# 考虑市场羊群行为与理性投资的
# 个性化投资项目推荐

本章基于互联网金融市场对象关联网络模型,分析了考虑市场羊群行为的项目及投资者相关概念特征,构建相应的概念模型;基于考虑市场羊群行为的项目及投资者概念模型,构建项目理性投资羊群行为影响因子,计算投资者的羊群行为倾向,并在此基础上设计了考虑市场羊群行为的个性化投资项目推荐算法;通过实验设计,首先对考虑市场羊群行为的个性化投资项目推荐方法的推荐质量进行综合评价,其次借助3.3.3 节提出的基于朋友网络风险特征的投资组合优化方法,分析考虑市场羊群行为的个性化投资项目推荐方法的经济意义。

## 4.1 问题的提出

行为金融学理论通过对个体投资者行为进行分析,发现投资者的投资决策行为与过程不仅与投资项目客观的风险与收益有关，还会受到投资者个人主观认知、市场环境和他人投资行为的影响，出现从众现象。相较于传统的金融市场，由于在线互联网金融市场普遍存在信息过载、投资非专业化、投资风险偏高等特点，该类市场羊群行为表现更为显著。

为了规避由于不利选择所带来的投资风险，互联网金融市场投资者在进行投资项目选择时存在明显的从众心理。在此，将投资者决策时的从众心理程度定义为投资者羊群行为倾向，市场上大多数投资者在从众心理驱使下进行群体投资决策时将引发市场羊群行为，产生市场羊群效应。大多数研究表明，互联网金融市场羊群行为往往呈现非理性特征，它的存在不仅会改变投资者的投资偏好，往往还会对投资者的投资效用及市场运行效率产生不利影响。合理引导市场投资者理性投资，是提高其投资效益，促进网络金融市场的良性发展的关键。对于互联网金融市场大多数投资者（特别是非专业的投资者）而言，当获取和有效分析相关决策信息（如项目违约风险预测相关信息）需要较高成本时，为了降低由于不利选择所带来的预期投资风险，投资者在进行投资决策时往往会寻求获取或分析成本相对较低的市场信号（如能够反映市场绝大多数投资者策略选择的相关信息）作为决策依据，有时甚至会完全忽视自己的私人信息，在从众心理的驱使下进行投资决策，引发市场羊群行为。由此可见，投资者的投资决策行为，乃至市场羊群行为，跟与项目有关的能够反映市场绝大多数投资者策略选择的相关特征——项目羊群程度特征——息息相关。

目前，关于互联网金融市场羊群行为的研究工作主要是侧重于市场总体羊群行为的检测、形成、分类及影响因素等方面，而对市场中不同投资者决策时的羊群行为倾向及影响、项目羊群程度等特征的发掘与分析及其场景应用的研究尚有不足；关于项目羊群程度的研究，现有文献主要是依据项目累计投资额在期间范围内的增长率来反映项目的投标热度，笼统地衡量项目的羊群程度。然而，由于互联网金融市场羊群行为的非理性，该衡量指标中往往包含着大量的市场噪声，无法真正帮助投资者摆脱由于不利选择所带来的决策困境，从整体上提高其投资决策的有效性。因此，本章依据项目投标相关数据及投资者投资行为关联信息，从中发掘出项目羊群程度特征，并进一步筛选出与项目违约风险显著相关的特征——有助于引导市场理性投资的成分，即项目羊群程度风险特征，为引导市场投资者理性投资、提高个性化投资推荐效果提供支持。

鉴于此，本章充分考虑了不同投资者羊群行为倾向的差异，以市场理性投资为导向，构建基于项目羊群程度风险特征的项目理性投资羊群行为因子，并在此基础上设计基于市场羊群行为及理性投资的个性化投资项目推荐算法。

具体内容有以下 4 个方面。

（1）基于互联网金融市场对象关联网络模型，分析各投资者决策时从众心理强度，即投资者羊群行为倾向。

（2）基于互联网金融市场对象关联网络模型，发掘考虑市场羊群行为的投资者概念特征，得出投资者概念模型。

（3）基于互联网金融市场对象关联网络模型及投资者概念模型，以市场理性投资为导向，考察各项目的投标数据以及投资者之间的投标关联信息，发掘项目羊群程度相关特征中的理性成分，构建考虑理性投资的项目羊群程度概念模型，计算项目理性投资羊群行为因子。

（4）基于传统的 UCF 推荐方法，综合考虑投资相似度、项目理性投资羊群行为因子及投资者羊群行为倾向，建立个性化投资项目推荐框架。

## 4.2　基于市场羊群行为的项目和投资者概念模型

本章节将依据 2.2.2 节所提出的互联网金融市场对象关联网络模型，

分别分析投资者的投资行为相关数据与项目羊群程度风险特征，得出考虑市场羊群行为的相关概念模型，为后续互联网金融个性化投资项目推荐方案设计提供支持。

### 4.2.1 考虑市场羊群行为的投资者概念模型

对于互联网金融市场对象关联网络模型中的投资者 $l_j(j=1,2,\cdots,|L|)$，考虑市场羊群行为的投资者概念模型可表示为六元组 $\mathbf{l}_j^{HCM} = (l_j^{real}, l_j^n, l_j^{HerdD}, l_j^{OII}, l_j^{OIC}, l_j^{OIA})$，分别表示投资者的实际投资回报率、专业投资能力、羊群行为倾向、总体投资影响力、总体投资关联度、总体投资号召力。

对投资者 $l_j$ 历史投标项目的贷款利率与违约状态值的乘积进行加权平均可得其实际投资回报率，即 $l_j^{real} = \sum_{i=1}^{|S_j^p|} w_{ji} p_i^E Status_i$。其中，$p_i^E$ 和 $Status_i$ 分别表示项目 $p_i$ 的贷款利率和违约状态值；当 $p_i$ 违约时，$Status_i$ 为 0，否则 $Status_i$ 为 1；$w_{ji}$ 表示投资者 $l_j$ 投资项目 $p_i$ 的投标额占其历史投资总额的比例；$S_j^p$ 表示投资者 $l_j$ 过去所投资项目的集合，$|S_j^p|$ 表示投资者 $l_j$ 过去所投资项目的个数。

赵等（Zhao et al.，2015）指出，投资者最终所能获得的实际投资回报率越大，则表示其专业投资能力越强，因此，可将投资者的专业投资能力 $l_j^n$ 定义为 $l_j^{real}$ 的单调递增函数，即 $l_j^n = 1/[1 + \exp(-l_j^{real}/k)]$，其中 $k$ 为调节参数。

在互联网金融市场中，不同的投资者由于自身的专业背景及获取、分析、处理信息能力的差异，其决策时的从众心理程度也会有所不同。投资者羊群行为倾向 $l_j^{HerdD}$ 用于衡量投资者在投资决策时的从众心理程度，其值越大，表示投资者决策时从众心理越强，投资决策越容易受到市场羊群行为的影响。一般认为，投资者过去所投资的项目在其投标时刻的羊群程度，可在一定程度上反映该投资者在投资决策过程中受市场羊群行为影响的程度。投资者过去所投资的项目在其投标时刻的羊群程度较高，则表示其在投标时更倾向于选择羊群程度较高的项目，具有较高的羊群行为倾向；反之，具有较低的羊群行为倾向。因此，通过对投资者 $l_j$ 的历史投标项目在其投标时刻的羊群程度进行计算，可估计投资者 $l_j$ 的羊群行为倾向 $l_j^{HerdD}$，以衡量投资者 $l_j$ 在投资决策时的从众心理程度。

因此，针对互联网金融市场对象关联网络模型中的每一个投资者 $l_j$，通过对投资者 $l_j$ 过去所投项目在其投标时刻羊群程度进行算术平均，可得投资者 $l_j$ 的羊群行为倾向 $l_j^{HerdD}$，如下所示。

$$l_j^{HerdD} = \frac{\sum_{i=1}^{|S_j^p|} p_i^{Herd}(t_{ij})}{|S_j^p|} \tag{4.1}$$

其中，$S_j^p$ 表示投资者 $l_j$ 过去所投标项目的集合，$p_i^{Herd}(t_{ij})$ 表示项目 $p_i$ 在投资者 $l_j$ 投标时刻 $t_{ij}$ 的羊群程度。

廖理等（2018）认为，项目累计投资额在期间范围内的总体增长率可在一定程度上反映市场投资者对该项目的投资热度。根据廖理等（2018）所述方法，可依据项目累计投资额在 $[0, t_{ij}]$ 期间范围内的总体增长率来衡量项目 $p_i$ 在时刻 $t_{ij}$ 的羊群程度 $p_i^{Herd}(t_{ij})$，如下所示。

$$p_i^{Herd}(t_{ij}) = \frac{\sum_{k=1}^{bc_{it}}(bt_i^k - bt_i^{k-1})\sum_{k=1}^{bc_{it}} ba_i^k - \sum_{k=1}^{bc_{it}}(bt_i^k - bt_i^{k-1})ba_i^k}{\sum_{k=1}^{bc_{it}}(bt_i^k - bt_i^{k-1})\sum_{k=1}^{bc_{it}} ba_i^k}$$

$$\tag{4.2}$$

其中，$bc_{it}$ 表示项目 $p_i$ 在 $t_{ij}$ 时刻的累计投标数，$bt_i^k$（$bt_i^k < t_{ij}$）表示项目 $p_i$ 的第 k 次投标时的投标时间，$ba_i^k$ 表示项目 $p_i$ 截至第 k 次投标时的累计投标额。

投资者 $l_j$ 的羊群行为倾向 $l_j^{HerdD}$（$l_j^{HerdD} \in [-1,1]$），其值越大表示投资者 $l_j$ 决策时受市场羊群行为影响越大，反之越小。当投资者 $l_j$ 的羊群行为倾向 $l_j^{HerdD}$ 等于 1 时，则表示投资者 $l_j$ 投资决策时完全不考虑自己的私人信息。在进行投资推荐方案设计时，适当考虑投资者的羊群行为倾向，将有助于更为准确地预估投资者的投资策略选择，提高推荐的有效性。

罗等（2013）通过研究发现，在互联网金融市场中，当投资者面临异构偏好或者因获取及分析相关决策信息需要花费大量成本时，会出现明显的羊群行为。当某项目被权威投资人投标后，其筹资速度会明显加快。这表明互联网金融市场投资者 $l_j$ 的投资决策，除了与其初始投资偏好有关，还会受到其他投资者 $l_k$ 投资行为所引发的从众心理的影响，其受影响程度往往与该投资者 $l_k$ 在互联网金融市场中的权威性有关。一般认为，投资者 $l_k$ 在互联网金融市场中越具有权威性，其投资行为对其他投资者越具有号召力，越有可能引发市场羊群行为。如果投资者 $l_k$ 每次投标后，都会有很多其他的投资者跟随投标，则有理由相信，投资者 $l_k$ 在互联网金融市场中具有较强的权威性和号召力，此时，投资者 $l_k$ 在互联网金融市场中的投资行为对于其他投资者而言是一种重要的市场信号，其投资行为将引发甚至加剧市场羊群行为。

鉴于此，本章节拟采用传统的 PageRank 算法，依据互联网金融市场对象关联网络模型中各投资者在不同项目中投标的时间先后，形成投资者投标关联有向图，并采用转移概率矩阵方法进行多次迭代，计算投资者投标关联有向图中投资者 $l_j$ 的 PageRank 值，以反映投资者 $l_j$ 的总体投资号召力 $l_j^{OIA}$，如下所示。

$$l_j^{OIA} = PR(l_j) = \alpha \sum_{l_k \in After_{l_j}} \frac{PR(l_k)}{\mid Before_{l_k} \mid} + \frac{(1-\alpha)}{\mid L \mid} \qquad (4.3)$$

其中，$After_{l_j}$ 是指在投资者投标关联有向图中跟随了投资者 $l_j$ 进行投标的所有投资者的集合，$Before_{l_k}$ 是指在投资者投标关联有向图中投资者 $l_k$ 进行投标时所跟随的所有投资者的集合，$\mid L \mid$ 是指投资者投标关联有向图中投资者的总数，$\alpha$ 为阻尼系数，一般取值为 0.85。

在互联网金融市场中，投资者 $l_j$ 的投资行为对他人投资决策的影响程度，除了与其自身的总体投资号召力有关，往往还取决于该投资者 $l_j$ 与市场其他投资者之间投资的相似性、关联性等特征。一般认为，投资

者 $l_j$ 与市场其他投资者之间投资的相似性越高、关联性越强，其投资行为越有可能驱使他人从众决策，从而引发市场羊群行为。为此，本章节利用互联网金融平台中可获得的投资者历史投资行为数据，结合 2.2.2 节所提出的互联网金融市场对象关联网络模型及关联规则经典算法，深入挖掘不同投资者之间投标的相似性、支持度、置信度及投标单向影响力等特征，设计了投资者的总体投资影响力、总体投资关联度 2 个指标。

投资者的总体投资影响力是指投资者的投资行为对市场中其他投资者投资行为的平均影响程度。一般认为，如果投资者 $l_j$ 与市场中其他投资者共同投资项目时，投资者 $l_j$ 通常先行投标，则表示投资者 $l_j$ 对市场中的其他投资者具有较强的投资单向影响力；如果投资者 $l_j$ 对市场中的其他投资者具有较强的投资单向影响力且与市场中其他投资者的投资相似性较高，则表示投资者 $l_j$ 的投资行为对市场中其他投资者的投资行为具有较强影响力。因此，可将某投资者 $l_j$ 的总体投资影响力 $l_j^{OII}$ 定义为投资者 $l_j$ 与市场中其他投资者的投资相似度与投资单向影响力乘积的均值，如下所示。

投资者的总体投资关联度是指投资者的投资行为与市场中其他投资者的投资行为之间的平均关联程度。一般认为，投资者 $l_j$ 的投资行为与市场中其他投资者投资行为之间的关联性越强，其投资行为越有可能引起市场中其他人的注意与共鸣，促使其跟随投资。依据关联规则，计算不同投资者项目投资的支持度与置信度，可将某投资者 $l_j$ 的总体投资关联度 $l_j^{OIC}$ 定义为投资者 $l_j$ 与市场中其他投资者的项目投资的支持度与置信度乘积的均值，如下所示。

$$l_j^{OII} = \frac{\sum_{l_k \in L_{l_j^-}} \text{Sim}(l_j, l_k) \text{Owi}(l_j \to l_k)}{|L_{l_j^-}|} \qquad (4.4)$$

$$l_j^{OIC} = \frac{\sum_{l_k \in L_{l_j^-}} \text{Sup}(l_j, l_k) \text{Con}(l_j \to l_k)}{|L_{l_j^-}|} \qquad (4.5)$$

其中，$L_{\bar{l}_j}$ 是指互联网金融市场对象关联网络模型中除投资者 $l_j$ 之外的所有投资者的集合；$Sim(l_j, l_k)$ 可定义为投资者 $l_j$ 和 $l_k$ 的投资相似度，即 $Sim(l_j, l_k) = \dfrac{|S_j^p \cap S_k^p|}{|S_j^p \cup S_k^p|}$，其中，$S_j^p$、$S_k^p$ 分别指投资者 $l_j$、$l_k$ 所投标项目的集合；$Owi(l_j \rightarrow l_k)$ 可定义为投资者 $l_j$ 对 $l_k$ 的投资单向影响力，即 $Owi(l_j, l_k) = \dfrac{|S_j^p \cap S_k^p|_{t_j < t_k}}{|S_j^p|}$，其中，$|S_j^p \cap S_k^p|_{t_j < t_k}$ 是指投资者 $l_k$ 和 $l_j$ 共同投标的项目中投资者 $l_k$ 跟随投资者 $l_j$ 投标的项目数；$Sup(l_j, l_k)$ 是指投资者 $l_j$ 和 $l_k$ 的投资支持度，即 $Sup(l_j, l_k) = \dfrac{|S_j^p \cap S_k^p|}{|P|}$，其中 $|P|$ 是指互联网金融市场对象关联网络模型中的项目总数；$Con(l_j \rightarrow l_k)$ 是指投资者 $l_j$ 已投标后投资者 $l_k$ 的投资置信度，即 $Con(l_j \rightarrow l_k) = \dfrac{|S_j^p \cap S_k^p|}{|S_j^p|}$。

## 4.2.2 考虑理性投资的项目羊群程度概念模型

贝尔科维希尔（Berkovichl，2011）研究发现，网络借贷市场中投资者的投资行为容易受到其他投资者投资行为的影响，出现从众现象。由于互联网金融市场羊群行为大多呈现非理性特征，如何在向投资者推荐投资项目时，既考虑投资者的羊群行为倾向对其投资决策行为的影响，又兼顾其投资效用，降低投资风险，是提高推荐系统服务性能、促进市场良性发展的重要问题。

当市场信息不完全或者获取及分析决策相关信息（如项目违约风险相关信息等）需要花费大量成本时，大多数投资者（特别是非专业的投资者），在投资决策时往往会寻求获取成本相对较低的市场信号作为投资决策依据。由于项目羊群程度可以非常直观地从侧面反映其他投资者的投资行为表现（如市场投资者对该项目的投标热度），常常作为一种重要的市场信号，不同程度地影响着投资者的投资决策。关于项目羊群程度的研究，现有文献主要是依据项目累计投资额在期间范围内的增长率来笼统地度量，由于互联网金融市场羊群行为的非理性特征，该衡量指标中往往会包含大量的市场噪声，干扰投资者决策，无法真正帮助投资者提高投资效益。

鉴于此，通过对项目的历史投标相关数据进行分析，发掘其中与项目相关的、可以反映市场中大多投资者投资行为表现的、极有可能激发潜在投资者从众心理的关键特征，即项目羊群程度相关特征，将有助于我们更为准确地把握投资者的投资动向；然而，从理性投资角度出发可知，如果投资者投资时盲目从众，单纯地依据某些不具有决策价值的项目羊群程度特征（如与项目违约风险不相关的项目羊群程度相关特征）进行决策，对其投资效果极有可能产生不利影响。因此，有必要从项目羊群程度相关特征中筛选出与项目违约风险显著相关的特征，即项目羊群程度风险特征。通过将项目羊群程度风险特征合理地应用于互联网金融投资项目推荐，将有望在提高推荐服务性能，引导市场投资者理性投资。

本章节通过分析互联网金融市场中的项目投标相关数据及投资者之间的投资行为关联信息，从中发掘出能从侧面反映项目投标热度、激发投资者从众心理的相关特征，即项目羊群程度候选特征。一般而言，如果项目某一羊群程度候选特征与项目累计投资额的增长率显著相关，则表示该特征能够一定程度上反映项目的投标热度，在此将该特征归为项目羊群程度相关特征。进一步，如果某一项目羊群程度相关特征与项目是否违约显著相关，则表明该项目羊群程度相关特征中蕴含了能够反映项目风险的重要信息，投资者利用该特征进行投资决策将有望提高自身的预期收益或预期效用，属于理性投资。这些筛选出的蕴含了项目风险信息的项目羊群程度特征，本章称为项目羊群程度风险特征。

发掘项目羊群程度风险特征的步骤如下：

（1）根据式（4.2）计算每一个项目 $p_i$ 的羊群程度 $p_i^{Herd}$ 及项目羊群程度候选特征值并对其进行数据的归一化处理，其中项目羊群程度 $p_i^{Herd}$ 可在整体上反映项目 $p_i$ 的投标热度。

（2）通过 Pearson 相关性检验筛选出项目羊群程度候选特征中与项目羊群程度 $p_i^{Herd}$ 显著相关的特征，得到项目羊群程度特征。

（3）通过独立样本 t 检验筛选出在违约项目与没有违约项目中存在显著差异的项目羊群程度特征，得到项目羊群程度风险特征。

依据上述步骤对 Prosper 网络借贷平台 2011 年中数据完整且已完结的 1 467 个项目的 117 028 条投标相关数据进行分析，可得到项目羊群程度候选特征，这些特性包括项目的累计投标数、平均投标时间、平均投标额、总体投资号召力、总体投资关联度、总体投资影响力、借款人朋友投标数、借款人朋友投标额占比、贷款人朋友投标数等。其中，项目的总体投资号召力、总体投资关联度、总体投资影响力是依据相应方法对互联网金融市场投资者之间历史投资行为相关数据进行深入发掘获取，其他指标则是通过对项目自身投标数据进行统计计算获取。

项目的总体投资号召力是指项目当前所有投资者的投资行为对市场中其他投资者选择投资该项目的总体号召力。一般认为，项目投资者在互联网金融市场中越具有权威性，即项目投资者的总体投资号召力越大，追随其投标的投资者将越多，则该项目越有可能激发潜在投资者的从众心理，进而导致市场羊群行为。因此，对于某一项目 $p_i$，其总体投资号召力 $p_i^{OIA}$ 可定义为投标项目 $p_i$ 的所有投资者的总体投资号召力的总和，即 $p_i^{OIA} = \sum_{j=1}^{|S_i^l|} l_j^{OIA}$，其中 $S_i^l$ 是指投标了项目 $p_i$ 的所有投资者的集合。

项目的总体投资关联度是指项目当前所有投资者的投资行为与市场中其他投资者投资行为的总体相关性。一般认为，项目投资者的投资行为与市场其他投资者投资行为之间的关联性越强，即投资者总体投资关

联性越强，其投资行为越有可能引起市场中其他人的注意与共鸣，则该项目对市场潜在投资者越有吸引力，越有可能引发市场羊群行为。因此，对于某一项目 $p_i$，其总体投资关联度 $p_i^{OIC}$ 可定义为投标项目 $p_i$ 的所有投资者的总体投资关联度的总和，即 $p_i^{OIC} = \sum_{j=1}^{|S_i^I|} l_j^{OIC}$。

项目的总体投资影响力是指项目当前所有投资者的投资行为对市场中其他投资者投资决策的总体影响程度。一般认为，项目投资者的投资行为对市场中的其他投资者投资行为影响力越强，则该项目越有可能引发市场羊群行为。因此，对于某一项目 $p_i$，其总体投资影响力 $p_i^{OII}$ 可定义为投标项目 $p_i$ 的所有投资者的总体投资影响力的总和，即 $p_i^{OII} = \sum_{j=1}^{|S_i^I|} l_j^{OII}$。

其他的项目羊群程度候选特征值可基于互联网金融市场对象关联网络模型通过传统的统计方法计算获得。

根据步骤（2）和步骤（3）进行检验，实验结果发现，其中有 5 个特征，即项目的总体投资关联度、总体投资影响力、总体投资号召力、平均投标时间、累计投标数，其特征值不仅与项目累计投资额的增长率显著相关，而且在违约项目与没有违约项目中存在显著差异，如表 4.1 所示。在此，将这 5 个特征称为项目羊群程度风险特征。

**表 4.1　　　　　关于项目羊群程度风险特征的独立样本检验**

| 特征变量 | 特征说明 | 方差方程的 Levene 检验 | | 均值方程的 t 检验 | | |
|---|---|---|---|---|---|---|
| | | F | Sig. | t | df | Sig.（双侧） |
| $p^{OIC}$ | 项目的总体投资关联度 | 51.724 | 0.000 | 5.451 | 1 465 | 0.000 |
| $p^{OII}$ | 项目的总体投资影响力 | 49.570 | 0.000 | 4.724 | 1 465 | 0.000 |
| $p^{OIA}$ | 项目的总体投资号召力 | 19.870 | 0.000 | 3.448 | 1 465 | 0.001 |
| $p^{ABT}$ | 项目的平均投标时间 | 33.374 | 0.000 | −6.622 | 1 511 | 0.000 |
| $p^{BC}$ | 项目的累计投标数 | 25.238 | 0.000 | 2.979 | 1 511 | 0.003 |

综上，记互联网金融市场对象关联网络模型中的项目集合为 P，考虑

理性投资的项目 $p_i(i=1,2,\cdots,|P|)$ 的羊群程度概念模型可表示为五元组 $\mathbf{p}_i^{HCM}=(p_i^{OII},p_i^{OIC},p_i^{OIA},p_i^{ABT},p_i^{BC})$，分别用于表示项目的总体投资影响力、总体投资关联度、总体投资号召力、平均投标时间、累计投标数，这 5 个项目羊群程度风险特征可以在不同角度反映项目 $p_i$ 的羊群程度且有助于投资者理性投资。在进行互联网金融市场个性化投资项目推荐方案设计时，综合考虑潜在投资者的羊群行为倾向及当前项目的羊群程度风险特征，将有望同时提高项目推荐的准确性及投资者的投资收益。

## 4.3　考虑市场羊群行为的个性化投资项目推荐模型设计

首先，基于考虑理性投资的项目羊群程度概念模型，针对每一个在投项目，依据其已投标数据及 4.2.2 节所述方法计算对应的项目羊群程度风险特征值，并借助熵值法来确定项目羊群程度风险特征的权重，以反映各项目羊群程度风险特征引导投资者理性投资的能力。其次，针对每一个在投项目，依据其项目羊群程度风险特征值，结合项目羊群程度风险特征的权重，计算项目理性投资羊群行为因子，以反映该项目在市场羊群行为中发挥理性投资作用的能力。最后，综合考虑投资者的羊群行为倾向和项目理性投资羊群行为因子，从理性投资的角度出发设计考虑市场羊群行为及理性投资的投资项目推荐方案，确定每一位投资者的投资推荐项目列表。

### 4.3.1　项目理性投资羊群行为因子

在信息论中，通过熵（即信息熵）可以对系统的不确定性进行度量，一般而言，熵值越大则表示系统中所包含的信息量越少，反之包含的信息量越多。熵值法是一种客观的指标赋权方法，它主要是依据不同指标数据的变异程度，分析各指标所提供的信息大小，在判断不同指标信息熵值的效用价值的基础上，确定与评价目标相关的各个指标的权重。

根据本章4.2.2节所分析的结果可知，项目的总体投资影响力、总体投资关联度、总体投资号召力、平均投标时间、累计投标数这5个项目羊群程度风险特征，可以从不同角度反映项目羊群程度且有助于引导具有羊群行为倾向的投资者进行理性投资。借助熵值法，可以在分析项目羊群程度风险特征信息熵值的效用价值的基础上，确定其在引导投资者理性投资方面的权重，并构建对应的评价指标，即项目理性投资羊群行为因子，以评价不同项目在引导投资者理性投资方面的能力，即项目理性投资驱动力。具体步骤如下：

（1）首先，针对互联网金融市场对象关联网络模型中的每一个项目 $p_i(i=1,2,\cdots,|P|)$，分别计算其在 t 时刻的项目羊群程度风险特征值，得到评价项目理性投资驱动力的原始数据矩阵 $\mathbf{P}^{HCM} = (p_{ij}^{HCM})_{|P|\times 5}$，其中 $p_{i1}^{HCM}$，$\cdots$，$p_{i5}^{HCM}$ 分别对应项目 $p_i$ 的总体投资影响力、总体投资关联度、总体投资号召力、平均投标时间、累计投标数；其次，对原始数据矩阵 $\mathbf{P}^{HCM} = (p_{ij}^{HCM})_{|P|\times 5}$ 进行归一化处理，得到标准化矩阵 $\mathbf{P}_z^{HCM} = (z_{ij}^{HCM})_{|P|\times 5}$。

（2）首先，针对归一化后第 i 个项目的第 j 个羊群程度风险特征 $z_{ij}^{HCM}$，分别计算该特征在所有项目中所占的比重，即 $g_{ij}^{HCM} = \dfrac{z_{ij}^{HCM}}{\sum_{k=1}^{|P|} z_{kj}^{HCM}}$，其中 $i=1,\cdots,|P|,j=1,\cdots,5$；其次，确定第 j 个特征的熵值，如下所示。

$$e_j^{HCM} = -N \sum_{i=1}^{|P|} g_{ij}^{HCM} \ln(g_{ij}^{HCM}) \tag{4.6}$$

其中，$N = 1/\ln(|P|)$，满足 $e_j^{HCM} \geqslant 0$。

（3）计算第 j 个特征的权值：

$$w_j^{HCM} = \dfrac{1 - e_j^{HCM}}{\sum_{k=1}^{5}(1 - e_k^{HCM})} \tag{4.7}$$

（4）计算项目理性投资羊群行为因子。对于借贷项目 $p_i$，其理性投资羊群行为因子可定义为：

$$p_i^{RH} = \sum_{j=1}^{5} w_j^{HCM} z_{ij}^{HCM} \tag{4.8}$$

### 4.3.2　确定个性化投资项目推荐列表

根据传统的用户协同过滤推荐方法，通过计算投资者 $l_j$ 与截至时刻 t 已投资项目 $p_i$ 的投资者之间的平均投资相似度，来衡量其在时刻 t 对项目 $p_i$ 的投资兴趣大小，即投资兴趣度，计算公式如下所示。

$$\gamma_t(l_j, p_i) = \frac{\sum_{k \in S_{it}^l} s(l_j, l_k)}{|S_{it}^l|} \tag{4.9}$$

其中，$\gamma_t(l_j, p_i)$ 为投资者 $l_j$ 在时刻 t 对项目 $p_i$ 的兴趣度；$S_{it}^l$ 表示截至时刻 t 已投资项目 $p_i$ 的所有投资者的集合；$s(l_j, l_k)$ 表示投资者 $l_j$ 和投资者 $l_k$ 的投资相似度，如下所示。

$$s(l_j, l_k) = \frac{|S_j^p \cap S_k^p|}{|S_j^p \cup S_k^p|} \tag{4.10}$$

其中，$S_j^p$，$S_k^p$ 分别表示投资者 $l_j$、$l_k$ 所投资项目的集合。

然而，由于互联网金融市场信息的不完全与非对称，投资者在规避投资风险、降低决策成本时，通常会将市场中大多数投资者的投标选择相关信息作为重要的决策信号，有时甚至会完全忽视自己所拥有的私人信息，最终选择羊群程度较高的项目进行投资。换而言之，具有较高羊群程度的项目将更容易激发投资者的从众心理，进而影响投资者的最终决策，其影响程度往往与投资者羊群行为倾向的大小有关。因此，本章节在传统的用户协同过滤推荐方法的基础上，从理性投资的角度出发，充分考虑项目羊群程度风险特征及其对投资者投资行为的实质影响，构建考虑市场羊群行为的投资者概念模型、计算项目理性投资羊群行为因子，并在此基础上计算投资者 $l_j$ 在时刻 t 对项目 $p_i$ 的投资兴趣度，如下所示。

$$\eta_t^{RHU}(l_j,p_i) = \frac{\sum_{k \in S_{it}^l} s(l_j,l_k)}{\mid S_{it}^l \mid}(1 - l_j^{HerdZ}) + p_i^{RH} l_j^{HerdZ} \qquad (4.11)$$

其中，通过对投资者羊群行为倾向 $l_j^{HerdD}$（$l_j^{HerdD} \in [-1,1]$）进行归一化处理可得 $l_j^{HerdZ}$，即 $l_j^{HerdZ} = (l_j^{HerdD} + 1)/2$。

一般认为，$\eta_t^{RHU}(l_j,p_i)$ 越大，表示在时刻 t 投资者 $l_j$ 对项目 $p_i$ 投资的可能性越大。对于投资者 $l_j$，可根据 $\eta_t^{RHU}(l_j,p_i)$ 值的大小对所有当前在投项目进行排序，产生一个粗略的关于投资者 $l_j$ 的推荐投资项目列表 $\mathbf{T}_j^1$。

关于推荐中的"冷启动"现象处理方法如下：（1）如果项目 $p_k$ 的投标者较少或者项目 $p_k$ 是新项目，且该项目属于投资者 $l_j$ 的支持组项目，则将项目 $p_k$ 添加到投资者 $l_j$ 的推荐投资项目列表 $\mathbf{T}_j^1$ 中，并将其排在与之最为相似的项目前面，形成推荐投资项目列表 $\mathbf{T}_j^2$；（2）对于新进入市场还未投资或投资频数较低的投资者，新注册的投资者或者投资频数较低的投资者，其投资决策时羊群行为更为显著，因此，对于新注册的投资者或者投资频数较低的投资者，临时将其羊群行为倾向值设置为 1。

### 4.3.3 考虑市场羊群行为及理性投资的投资项目推荐过程

本章节描述考虑市场羊群行为及理性投资的投资项目推荐过程，如算法 4.1 所示，包含 2 个输入数据集和 2 个参数。其中，SetH 是由过去已完结项目的投标关联数据组成，是训练数据集；SetT 是当前可投标项目的投标关联数据的集合，是测试数据集。

算法 4.1 考虑市场羊群行为及理性投资的投资项目推荐模型（即 RHU 模型）。

输入：训练数据集 SetH，测试数据集 SetT，以及分别涉及的项目样

本数量 $n_1$，$n_2$；训练数据集 SetH 所涉及的投资者人数 $n_3$；投资者的专业投资能力与实际投资回报率之间的调节参数 h（实验时设为 0.05）；采用转移概率矩阵方法进行多次迭代，计算投资者总体投资号召力的阻尼系数 $\alpha$（实验时设为 0.85）。

输出：个性化的推荐投资项目列表 $\{T_j^2\}_{j=1}^{|L|}$。

/ ＊初始化＊/

（1）$\{H_i\}_{i=1}^{n_1}$，$\{T_i\}_{i=1}^{n_2}$；/ ＊对 SetH 和 SetT 进行预处理＊/

/ ＊投标关联数据分析＊/

（2）$\{p_i^{Hreal}\}_{i=1}^{n_1}$，$\{p_i^{Treal}\}_{i=1}^{n_2}$；/ ＊分别计算 SetH 和 SetT 中包含的各项目 $p_i$ 的实际投资回报率＊/

（3）$\{Sim^H(l_j,l_k)\}_{l_k \in L_{\bar{l}_j}}$；/ ＊计算 SetH 中投资者 $l_j$ 与其他投资者 $l_k$ 的投资相似性＊/

（4）$\{Owi^H(l_j \rightarrow l_k)\}_{l_k \in L_{\bar{l}_j}}$；/ ＊计算 SetH 中投资者 $l_j$ 对其他投资者 $l_k$ 的投资单向影响力＊/

（5）$\{Sup^H(l_j,l_k)\}_{l_k \in L_{\bar{l}_j}}$，$\{Con^H(l_j \rightarrow l_k)\}_{l_k \in L_{\bar{l}_j}}$；/ ＊ SetH 中投资者 $l_j$ 与其他投资者 $l_k$ 的投资关联分析＊/

/ ＊建立 SetH 中考虑市场羊群行为的各投资者 $l_j$ 概念模型＊/

（6）$\left\{ l_j^{real} = \sum_{i=1}^{|S_j^{pl}|} w_{ij} p_i^{Hreal} \right\}_{j=1}^{|L|}$；

（7）$\left\{ l_j^n = \dfrac{1}{1 + \exp(-l_j^{real}/h)} \right\}_{j=1}^{|L|}$；/ ＊计算投资者 $l_j$ 的专业投资能力＊/

（8）$\left\{ l_j^{OIA} = PR(l_j) = \alpha \sum_{l_k \in After_{l_j}} \dfrac{PR(l_k)}{|Before_{l_k}|} + \dfrac{(1-\alpha)}{|L|} \right\}_{j=1}^{|L|}$；/ ＊计算投资者 $l_j$ 的总体投资号召力＊/

（9）$\left\{ l_j^{OIC} = \dfrac{\sum_{l_k \in L_{\bar{l}_j}} Sup(l_j,l_k) Con(l_j \rightarrow l_k)}{|L_{\bar{l}_j}|} \right\}_{j=1}^{|L|}$；/ ＊计算投资者 $l_j$ 的总体投资关联度＊/

（10）$\left\{l_j^{OII} = \dfrac{\sum\limits_{l_k \in L_{\overline{l_j}}} Sim(l_j, l_k) \, Owi(l_j \rightarrow l_k)}{\mid L_{\overline{l_j}} \mid}\right\}_{j=1}^{\mid L \mid}$ ；／＊计算投资者 $l_j$ 的总

体投资影响力＊／

（11）$\left\{l_j^{HerdD} = \dfrac{\sum\limits_{i=1}^{\mid S_j^p \mid} p_i^{Herd}(t_{ij})}{\mid S_j^p \mid}\right\}_{j=1}^{\mid L \mid}$ ；／＊计算投资者 $l_j$ 的羊群行为倾

向＊／

／＊其中，$p_i^{Herd}(t_{ij})$ 是指项目 $p_i$ 在投资者 $l_j$ 投标时刻 $t_{ij}$ 的羊群程

度，即：

$$p_i^{Herd}(t_{ij}) = \frac{\sum\limits_{k=1}^{bc_{it}} (bt_i^k - bt_i^{k-1}) \sum\limits_{k=1}^{bc_{it}} ba_i^k - \sum\limits_{k=1}^{bc_{it}} (bt_i^k - bt_i^{k-1}) ba_i^k}{\sum\limits_{k=1}^{bc_{it}} (bt_i^k - bt_i^{k-1}) \sum\limits_{k=1}^{bc_{it}} ba_i^k},$$

且 $bt_i^k \leqslant t_{ij}$ ＊／

／＊建立 SetT 中考虑理性投资的项目 $p_i$ 的羊群程度概念模型＊／

（12）$\{p_{it}^{ABT}\}_{i=1}^{n_2}, \{p_{it}^{BC}\}_{i=1}^{n_2}$ ；／＊分别计算 SetT 中在时刻 t 各项目 $p_i$ 的
平均投标时间和累计投标次数＊／

（13）$\left\{p_{it}^{OIC} = \sum\limits_{j=1}^{\mid S_i^l \mid} l_j^{OIC}\right\}_{i=1}^{n_2}$ ；／＊计算 SetT 中在时刻 t 项目 $p_i$ 的总体
投资关联度＊／

（14）$\left\{p_{it}^{OII} = \sum\limits_{j=1}^{\mid S_i^l \mid} l_j^{OII}\right\}_{i=1}^{n_2}$ ；／＊计算 SetT 中在时刻 t 项目 $p_i$ 的总体投
资影响力＊／

（15）$\left\{p_{it}^{OIA} = \sum\limits_{j=1}^{\mid S_i^l \mid} l_j^{OIA}\right\}_{i=1}^{n_2}$ ；／＊计算 SetT 中在时刻 t 项目 $p_i$ 的总体
投资号召力＊／

／＊计算 SetT 中在时刻 t 项目 $p_i$ 的理性投资羊群行为因子＊／

（16）$\{w_{jt}^{HCM}\}_{j=1}^{5}$ ；／＊针对 SetT，借助熵值法估计在时刻 t 的项目羊群
程度风险特征权重＊／

（17）$\left\{p_{jt}^{RH} = \sum\limits_{j=1}^{5} w_{jt}^{HCM} z_{ij}^{HCM}\right\}_{i=1}^{n_2}$ ；／＊计算 SetT 中在时刻 t 项目 $p_i$ 的
理性投资羊群行为因子＊／

／＊确定 SetT 中接受投资推荐的各投资者 $l_j$（$1 \leqslant j \leqslant m_{ac}$）的推荐投资项目列表 $T_j^2$ ＊／

$$(18)\ \left\{\left\{\eta_t^{RHU}(l_j,p_i)\ =\ \frac{\sum_{k \in S_{it}^1}s(l_j,l_k)}{\mid S_{it}^1 \mid}(1\ -\ l_j^{HerdZ})\ +\ p_i^{RH}l_j^{HerdZ}\right\}_{i=1}^{n_2}\right\}_{j=1}^{\mid L \mid};$$

／＊其中，$s(l_j,l_k) = \dfrac{\mid S_j^p \cap S_k^p \mid}{\mid S_j^p \cup S_k^p \mid}, l_j^{HerdZ} = (l_j^{HerdD} - 1)/2$ ＊／

考虑市场羊群行为及理性投资的投资项目推荐过程可描述如下：

第 1 步：初始化过程［第（1）行］。基于互联网金融市场对象关联网络模型，对训练数据集 SetH 和测试数据集 SetT 进行预处理。

第 2 步：基于互联网金融市场对象关联网络模型对投标相关数据进行统计计算和关联分析［第（2）~（5）行］。首先，分别计算 SetH 和 SetT 中各项目 $p_i$ 的实际回报率（$p_i^{Hreal}$, $p_i^{Treal}$）；其次，基于互联网金融市场对象关联网络模型对 SetH 中投资者的投标数据进行统计计算和关联分析，计算其中涉及的各个投资者之间的投资相似性、投资单向影响力、投资支持度和投资置信度。

第 3 步：建立考虑市场羊群行为的投资者概念模型［第（6）~（11）行］。首先，针对 SetH 中的每一位投资者 $l_j$，结合历史投标数据及互联网金融市场对象投标关联信息，分别计算投资者 $l_j$ 的实际投资回报率 $l_j^{real}$、总体投资关联度 $l_j^{OIC}$、总体投资号召力 $l_j^{OIA}$、总体投资影响力 $l_j^{OII}$；其次，针对 SetH 中的每一位投资者 $l_j$，分析其所投标的每一个项目 $p_i$ 在投标时刻 $t_{ij}$ 的羊群程度 $p_i^{Herd}(t_{ij})$，并在此基础上计算投资者 $l_j$ 的羊群行为倾向 $l_j^{HerdD}$。

第 4 步：建立考虑理性投资的项目羊群程度概念模型［第（12）~（15）行］。首先，针对 SetT 中的每一个项目 $p_i$，结合 SetT 中与项目 $p_i$ 相关的投标数据，分别计算在时刻 t 项目 $p_i$ 的平均投标时间和累计投标次数；其次，针对 SetT 中的每一个项目 $p_i$，结合 SetT 中与项目 $p_i$ 相关的投标数据和考虑市场羊群行为的投资者概念模型，分别计算在时刻 t 项目 $p_i$

的总体投资关联度 $p_{it}^{OIC}$、总体投资影响力 $p_{it}^{OII}$ 和总体投资号召力 $p_{it}^{OIA}$。

第5步：基于考虑理性投资的项目羊群程度概念模型，借助熵值法计算项目理性投资羊群行为因子［第（16）~（17）行］。首先，针对 SetT 中涉及的项目集 P，基于考虑理性投资的项目羊群程度概念模型，构建评价项目理性投资驱动力的原始数据矩阵 $\mathbf{P}^{HCM}$，并借助熵值法分析项目羊群程度风险特征在引导投资者理性投资方面的能力，即计算项目羊群程度风险特征权重。其次，针对 SetT 中涉及的项目 $p_i$，计算其在时刻 t 的项目理性投资羊群行为因子 $p_{it}^{RH}$。

第6步：确定接受推荐的投资者 $l_j$ 的推荐投资项目列表［第（18）行］。首先，针对每一位接受推荐的投资者 $l_j$，根据 SetT 中与项目 $p_i$ 相关的投标数据及考虑市场羊群行为的投资者概念模型，计算投资者 $l_j$ 与在时刻 t 之前投标项目 $p_i$ 的各投资者 $l_k(l_k \in S_{it}^l)$ 之间的投资相似度 $s(l_j,l_k)$，即从投资相似度的角度分析投资者 $l_j$ 对项目 $p_i$ 的投资偏好，其中 $S_{it}^l$ 为截至时刻 t 已投标了项目 $p_i$ 的所有投资者的集合；其次，综合考虑项目投资相似度 $s(l_j,l_k)$、投资者羊群行为倾向 $l_j^{HerdD}$ 和项目理性投资羊群行为因子 $p_{it}^{RH}$，针对每一位接受推荐的投资者 $l_j$，计算其对 SetT 中各项目 $p_i$ 的投资兴趣度 $\eta_t^{RHU}(l_j,p_i)$；最后，根据投资者 $l_j$ 对 SetT 中各项目 $p_i$ 的投资兴趣度 $\eta_t^{RHU}(l_j,p_i)$ 及投资者 $l_j$ 的支持组项目，确定推荐投资项目列表 $T_j^2$。

## 4.4　实验结果与分析

### 4.4.1　数据集来源与选择

实验数据来源于美国 Prosper 网络借贷平台 2006 年以来的开放数据。该数据集包含相互关联的 7 类对象信息，分别是项目类别、群组、注册成员、列表项目、贷款项目、投标、角色，信息量巨大。其中，注册成员 1 309 510 个，列表项目 371 896 个，投标数为 9 638 888 个。为了便于训练和测试，首先，对该数据集进行了初步过滤，选取其中已完结且违约状态明确的 25 229 个项目及与这些项目相关的列表项目、投标和注册成员等信息，针对每一个项目，统计计算其投标者信息，针对每一位投资者，统计其直接朋友信息及投标信息，以此作为构建互联网金融市场对象关联网络模型的基础数据集 A。其次，考虑到数据的完整性，从 25 229 个项目中选取了最终违约且相关数据完善的 23 488 个项目，针对每一个项目，计算传统财务指标特征值及朋友网络风险特征值，并进行数值化、规范化处理，以此作为样本数据集 B。

为了对考虑市场羊群行为与理性投资的投资项目推荐方法的推荐效果进行检验，首先，选取样本数据集 B 中 2010 年 1 月至 2011 年 12 月期间已完结且相关数据完整的 3 835 个项目及与这些项目相关的列表项目、投标和注册成员等信息；针对每一个项目，根据列表项目数据、平台投标数据和注册成员数据，分别统计分析项目投标数据及项目与投资者之间的投标关联信息，以此作为的基础数据集 C。其次，选取基础数据集 C 中与概念模型构建相关的项目、贷款人及投标相关属性特征作为投标关联数据，并进行数值化、规范化处理，以此作为样本数据集 D。最后，将样本数据集 D 按时间划分为两个数据集，选取 2010 年 1 月至 2010 年 12 月期间已完结的项目投标关联数据构成训练数据集 $SetH_D$，在该数据集中包含了 2 322 个项目与 12 598 位投资者之间的 228 089 条投标关联数据，将与 2011 年 1 月至 2011 年 12 月期间已完结的 1 513 个项目相关的 117 028 条投标关联数据作为测试数据集 $SetT_D$。

为了进一步验证考虑市场羊群行为与理性投资的个性化推荐方法的经济意义，再一次将样本数据集 B 划分为两个数据集，其中，2010 年 12 月之前已完结的 21 975 个项目作为训练集 $SetH_B$，2011 年 1 月至 2011 年

12 月期间已完结的 1 513 个项目相关的 117 028 条投标关联数据作为测试数据集 $SetT_D$。

## 4.4.2　项目羊群程度及其决策导向分析

在互联网金融市场中，投资者往往会模仿他人的投资行为，选择具有投标热度的、羊群程度较高的项目进行投资，出现羊群行为。廖理等（2018）通过对项目累计投资额在相应期间范围内的总体增长率的计算，来考察市场投资者对该项目的投标热度，并以此衡量该项目的羊群程度。

通过随机选取样本数据集 B 中的 1 500 个项目的投标数据，借助参考廖理等（2018）所述方法，计算这些项目在完结时刻的羊群程度，并在此基础上对项目羊群程度与项目是否违约进行独立样本 t 检验，结果如表 4.2 和表 4.3 所示。实验结果表明，在选取的项目中，违约项目与没有违约项目在羊群程度方面存在显著差异，且违约项目的羊群程度均值反而较高。这表明盲目地从众决策并不能帮助投资者有效规避投资风险，投资者如果单纯选择投标热度高的项目进行投资，不仅不能规避投资风险，反而可能加大投资风险，遭受损失。究其原因，这主要是因为在互联网金融市场投资者的投资行为中存在着大量的非理性羊群行为，导致项目羊群程度这一市场信号所蕴含的决策信息中存在大量的市场噪声，无法汇聚大众智慧。如果没有适当的理性投资引导机制而任凭投资者单纯以项目羊群程度为导向进行决策，长此以往，则必将影响互联网金融市场的运行效率，妨碍其长期而有效的发展。

表 4.2　　　　　　　　　　项目羊群程度的组统计量

| 项目状态 | N | 均值 | 标准差 | 均值的标准误 |
|---|---|---|---|---|
| 违约 | 668 | 0.134 | 0.428 | 0.016 6 |
| 没有违约 | 832 | 0.066 | 0.420 | 0.014 5 |

表4.3　　　　　　　　　　　项目羊群程度的独立样本检验

| | 方差方程的 Levene 检验 | | 均值方程的 t 检验 | | |
| --- | --- | --- | --- | --- | --- |
| | F | Sig. | t | df | Sig. （双侧） |
| 假设方差相等 | 0.474 | 0.491 | -3.091 | 1 498.000 | 0.002 |
| 假设方差不相等 | — | — | -3.084 | 1 416.170 | 0.002 |

通过对项目理性投资羊群行为因子与项目是否违约进行独立样本 t 检验，结果如表4.4 和表4.5 所示。实验结果表明，违约项目与没有违约项目在项目理性投资羊群行为因子方面存在显著差异，且没有违约项目的理性投资羊群行为因子均值更高。这表明通过对项目羊群程度这一市场信号中有可能干扰投资者有效决策的市场噪声进行过滤，以理性投资为导向，发掘其中的项目羊群程度风险特征，重新构建考虑理性投资的项目羊群程度评价指标，即项目理性投资羊群行为因子，有助于提升投资者决策的有效性。

表4.4　　　　　　　项目理性投资羊群行为因子的组统计量

| 项目状态 | N | 均值 | 标准差 | 均值的标准误 |
| --- | --- | --- | --- | --- |
| 违约 | 668 | 0.252 | 0.059 | 0.002 3 |
| 没有违约 | 832 | 0.273 | 0.085 | 0.003 0 |

表4.5　　　　　　项目理性投资羊群行为因子的独立样本检验

| | 方差方程的 Levene 检验 | | 均值方程的 t 检验 | | |
| --- | --- | --- | --- | --- | --- |
| | F | Sig. | t | df | Sig. （双侧） |
| 假设方差相等 | 26.261 | 0.000 | 5.286 | 1 498.000 | 0.000 |
| 假设方差不相等 | — | — | 5.490 | 1 470.444 | 0.000 |

鉴于互联网金融市场投资者普遍存在从众心理，在推荐方案设计时以理性投资为导向，在投标数据的基础上，发掘项目羊群程度风险特征，计算项目理性投资羊群行为因子，并将其合理应用于投资项目个性化推荐，将有望提高投资推荐有效性，引导市场投资趋于理性。

### 4.4.3　投资者羊群行为及其理性投资分析

首先，通过随机选取样本数据集 B 中的 300 位投资者的投标数据，按照式（4.1）计算各个投资者的羊群行为倾向，结果如图 4.1（a）所示。通过实验检验发现，市场中绝大多数投资者的羊群行为倾向值介于 0 ~ 1；投资者羊群行为倾向均值为 0.434。这表明在互联网金融市场中，绝大多数投资者在决策时有较高的羊群行为倾向，在投资决策时容易受到市场羊群行为的影响，同时，这也意味着在该市场中，项目羊群程度是影响投资者决策的重要市场信号，不同的投资者在决策时受项目羊群程度影响的程度存在差异。

其次，对投资者的羊群行为倾向与其实际投资回报率进行 Pearson 相关性检验，结果如图 4.1（b）所示。通过实验检验发现，投资者羊群行为倾向与投资者实际投资回报率的 Pearson 相关系数为 −0.053，在 0.01 水平（双侧）存在显著负相关性。从图 4.1（b）也还可以看出，对于互联网金融平台具有较高羊群行为倾向的投资者（如羊群行为倾向值介于 0.5 ~ 1.0 的投资者），其实际投资回报率大多介于 0.07 ~ 0.12，这表明具有较高羊群行为倾向的投资者并没有获得更高的实际投资回报率。

由于互联网金融市场羊群行为大多呈现非理性特征，如何在向投资者推荐投资项目时，既考虑其羊群行为倾向强度，又兼顾其投资有效性，是提高推荐系统性能的关键问题；在设计个性化投资项目推荐方案时，以行为金融理论为基础，以理性投资为导向，综合考虑基于项目羊群程度风险特征的项目理性投资羊群行为因子和投资者决策时的羊群行为倾向，有望准确把握投资者投资偏好，优化投资者的投资策略，提高该类市场个性化投资推荐服务的性能。

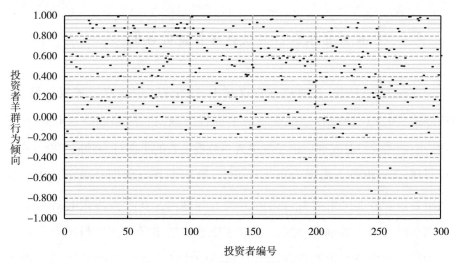

（a）投资者的羊群行为倾向分布

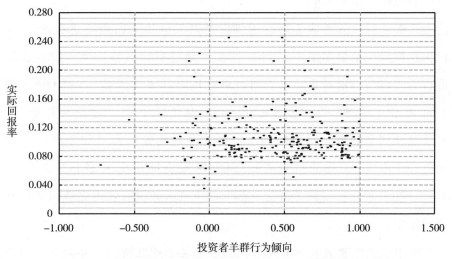

（b）投资者的羊群行为倾向与实际投资回报率之间的相关性

**图 4.1  投资者的羊群行为倾向及其概念关联**

### 4.4.4  考虑市场羊群行为及理性投资的投资项目推荐效果分析

记本章所提出的考虑市场羊群行为及理性投资的投资项目推荐模型

为 RHU 模型，该模型按照 4.3.2 节的式（4.11）计算接受推荐的投资者对测试数据集 SetT$_D$ 中的 1 513 个借贷项目的投资兴趣度，确定其推荐投资项目列表。为了检验 RHU 模型的有效性，以 UCF 模型[①]、REC_G 模型[②]（简称为 RGP 模型）、FNI 模型作为基准模型；其中，UCF 模型是依据学者（Resink D. et al.，2011）所述方法，按照式（4.9）计算接受推荐的投资者与项目已投标投资者之间的平均投资相似度，以衡量其对测试数据集 SetT$_D$ 中的 1 513 个项目的投资兴趣大小，即投资兴趣度，并在此基础上确定接受推荐的投资者的推荐投资项目列表；RGP 模型是在 UCF 模型的基础上，进一步考虑项目已投标投资者的投资能力，并在此基础上确定接受推荐的投资者的推荐投资项目列表；FNI 模型在学者（Zhao H. K. et al.，2015）的基础上，综合考虑接受推荐的投资者与项目已投标投资者的投资相似度、项目已投标投资者的投资能力及接受推荐的投资者朋友（特别是有投资能力的直接朋友）投资决策的影响，即依据 3.3.1 节式（3.6）确定接受推荐的投资者的推荐投资项目列表。为了消除由于推荐投资项目数的不同选择及随机取样所带来的偏差，保证验证结果的可信度，本实验设置了不同的推荐投资项目数，并针对每一位接受推荐的投资者，分别计算相应指标值，然后求平均值。

首先，为了检验 RHU 模型个性化投资推荐的精度，本章节采用推荐中较为常用的 precision、recall、F - measure 指标对上述 4 种方法的推荐结果进行对比，实验结果分别如图 4.2（a）、图 4.2（b）和图 4.2（c）所示。

① Resnick P, Iacovou N, Suchak M, et al. Grouplens: An open architecture for collaborative filtering of netnews [C] // Proceedings of the 1994 ACM conference on Computer supported cooperative work (CSCW '94), Chapel Hill, North Carolina, USA, October 22 - 26, 1994: 175 - 186.

② Zhao H. K, Wu L, Liu Q, et al. Investment recommendation in P2P lending: A portfolio perspective with risk management [C] // Proceedings of the 2014 IEEE International Conference on Data Mining (ICDM '14), Shenzhen, China, December 14 - 17, 2015: 1109 - 1114.

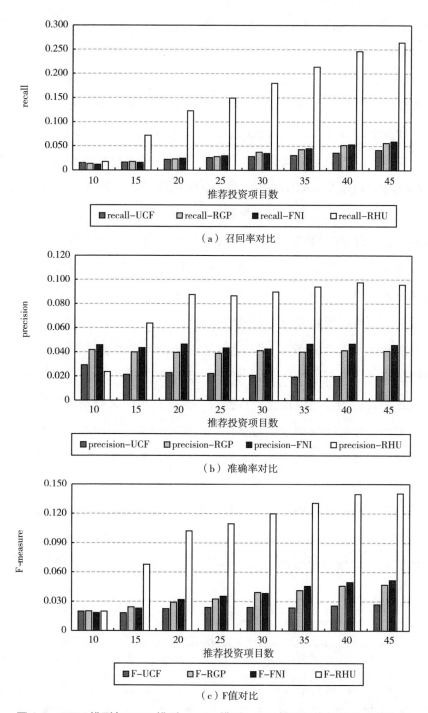

（a）召回率对比

（b）准确率对比

（c）F值对比

图 4.2　RHU 模型与 UCF 模型、RGP 模型、FNI 模型投资推荐的效果比较

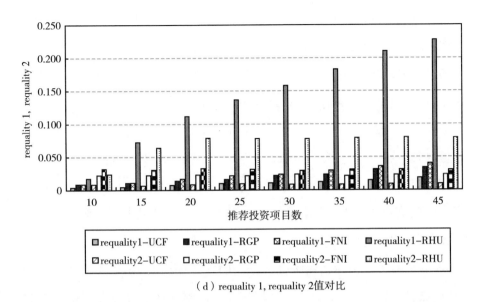

（d）requality 1，requality 2值对比

**图4.2　RHU 模型与 UCF 模型、RGP 模型、FNI 模型投资推荐的效果比较（续）**

根据图4.2（a）、图4.2（b）和图4.2（c）不难发现，在本章实验数据集中，对于不同的推荐投资项目数，与 UCF，RGP，FNI 基准模型的推荐准确率（即 precision_UCF、precision_RGP、precision_FNI）、召回率（即 recall_UCF、recall_RGP、recall_FNI）和 F–measure 指标（即 F_UCF、F_RGP、F_FNI）相比，考虑市场羊群行为及理性投资的 RHU 模型的各项指标都要更优，这表明本章提出的 RHU 模型能更为准确地把握投资者的投资偏好，所确定的推荐投资项目列表与投资者的实际投资行为更为切合，更有助于提高推荐的精度。

其次，为了检验推荐模型所推荐结果的投资战略有效性，即向投资者推荐的项目在提升投资收益、规避投资风险方面的能力，本章节采用3.4.3节提出的 requality1、requality2 指标进行实验评估。其中，requality1指标用于反映所确定的推荐投资项目列表中投资者最终投标且没有违约的项目数占其投资项目数的比例，requality2 指标用于反映投资者最终投标且没有违约的项目数占推荐投资项目数的比例。一般认为，模型所确定的推荐投资项目列表中没有违约的项目越多，该模型越有助于投资者规避投资风险；模型所确定的推荐投资项目列表中投资者最终投标且没有违约的项目越多，该模型越有助于投资者提高自身的投资效益。上述 4 种方法关于 requality1、requality2 指标的实验验证结果如图 4.2（d）所示。

根据图 4.2（d）可以发现，与 UCF，RGP，FNI 基准模型的 requality1 指标（即 requality1_UCF、requality1_RGP、requality1_FNI）和 requality2 指标（即 requality2_UCF、requality2_RGP、requality2_FNI）相比，在本章实验数据集中，对于不同的推荐投资项目数，考虑市场羊群行为及理性投资的 RHU 模型的 requality1（即 requality1_RHU）、requality2（即 requality2_RHU）指标整体更优，这表明本章提出的 RHU 模型所确定的推荐投资项目列表有助于投资者规避投资风险，在引导投资者的投资趋于理性的同时，也为其投资战略选择的有效性提供有力保障。

最后，为了检验考虑项目羊群程度风险特征的推荐模型在辅助投资者理性投资方面的价值，本章节以综合考虑投资者羊群行为倾向和项目羊群程度［依据文献廖理、向佳、王正位（2018）所述方法计算］的 HDU 模型为基准模型。HDU 模型是将 4.3.2 节的式（4.11）中的项目理性投资羊群行为因子 $p_i^{RH}$ 置换成项目羊群程度，再计算每一位接受推荐的投资者对测试数据集 SetT$_D$ 中的 1 513 个借贷项目的投资兴趣度，确定其推荐投资项目列表。依据上述各项指标，将 HDU 模型与 RHU 模型的推荐效果进行对比，实验结果如图 4.3 所示。

由图 4.3 可以发现，与 HDU 基准模型的推荐准确率（即 precision_HDU）、召回率（即 recall_HDU）、F – measure 指标（即 F_HDU）、requality1 指标（即 requality1_HDU）和 requality2 指标（即 requality2_HDU）相比，在本章实验数据集中，对于不同的推荐投资项目数，考虑市场羊群行为及理性投资的 RHU 模型的推荐准确率（即 precision_RHU）、召回率（即 recall_RHU）、F – measure 指标（F_RHU）、requality1 指标

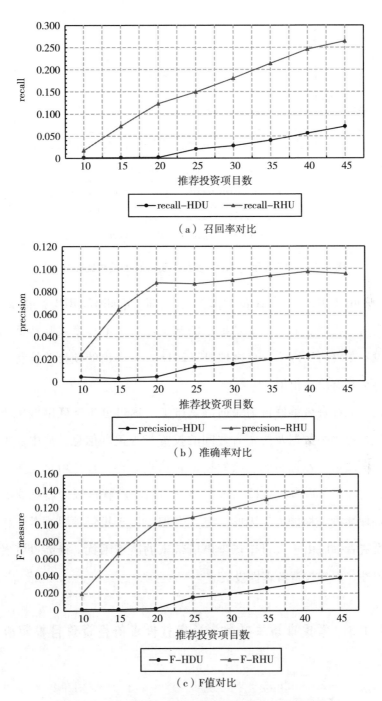

（a）召回率对比

（b）准确率对比

（c）F值对比

图 4.3　HDU 模型与 RHU 模型投资推荐的效果比较

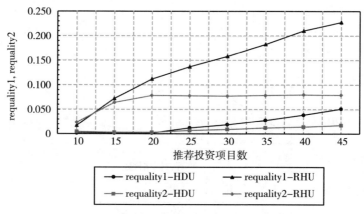

（d）不同算法的requality1, requality2值对比

**图 4.3　HDU 模型与 RHU 模型投资推荐的效果比较（续）**

（即 requality1_RHU）和 requality2 指标（即 requality2_RHU）都要更优，这表明对于投资者而言，本章提出的基于项目羊群程度风险特征的项目理性投资羊群行为因子，与廖理等（2018）所提出的项目羊群程度指标相比，更具有决策价值。

在考虑投资者羊群行为倾向的基础上，通过分析互联网金融市场中的项目投标相关数据及投资者之间的投资行为关联信息，从中发掘出能从侧面反映项目投标热度、激发投资者从众心理，且与项目是否违约显著相关的项目羊群程度风险特征；由于项目羊群程度风险特征具有引导投资者理性投资的能力，因此，将其合理应用于投资项目推荐，将有望帮助投资者摆脱由于大量市场噪声所带来的决策困扰，提高投资者决策的有效性，引导投资者理性投资。

## 4.4.5　考虑市场羊群行为及理性投资的投资项目推荐的经济意义

为了有效验证考虑市场羊群行为及理性投资的投资项目推荐的经济

意义，本章节以 3.4.5 节所提出的第二类模型作为基准模型，提出 RHU_SC 模型，并将其推荐效果分别与第二类模型进行对比。其中，RHU_SC 模型是综合考虑考虑市场羊群行为及朋友网络风险特征的投资推荐方法，即该方法首先利用 4.3.2 节的式（4.11），计算每一位投资者针对 $SetT_D$ 中的 1 513 个借贷项目的投资兴趣度，确定其推荐投资项目列表，其次利用 3.3.3 节所提出的基于朋友网络风险特征的投资组合优化方法进行投资额的分配。

针对以上 4 种模型，本章节采用 3.5.4 所述的实际回报率、PAQ 指标、RAQ 指标对各种模型的推荐经济效果进行对比分析，以便综合评价考虑市场羊群行为及理性投资的投资项目推荐方法在提高后续投资组合推荐经济性能优化方面的价值。为了消除由于推荐投资项目数的不同选择以及随机取样所带来的偏差，保证验证结果的可信度，我们设置了不同的推荐候选投资项目数，并分别计算每一位投资者的相应指标值，然后再求平均值，最终结果如图 4.4 所示。

首先，分析各模型的推荐结果为投资者带来的实际回报率。在图 4.4（a）中，real_UCF_SC、real_RGP_SC、real_FNI_SC、real_RHU_SC 分别表示 UCF_SC、RGP_SC、FNI_SC、RHU_SC 这 4 种模型的推荐结果为投资者带来的实际回报率。根据图 4.4（a）可以发现，在本章实验数据集中，对于不同的推荐投资项目数相较于 3.4.5 节所设置的第二类投资组合推荐模型（即 UCF_SC、RGP_SC、FNI_SC 模型），考虑市场羊群行为及理性投资的投资组合推荐的推荐结果为投资者带来的实际回报率都要更高。这表明考虑市场羊群行为及理性投资的投资项目推荐方法，有助于改善后续投资组合推荐的经济性能，使其获得更好的经济效果。

其次，评价各模型的投资组合推荐的质量及经济意义。在图 4.4（b）和图 4.4（c）中分别对比了在不同的推荐投资项目数量 k 的情况下，各

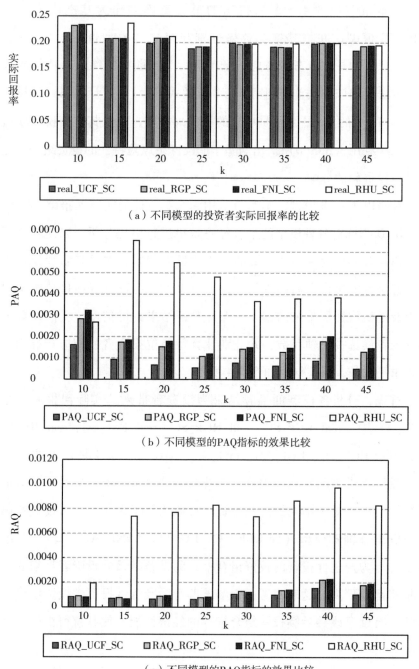

（a）不同模型的投资者实际回报率的比较

（b）不同模型的PAQ指标的效果比较

（c）不同模型的RAQ指标的效果比较

图4.4　不同模型的投资组合推荐指标的比较

模型的 PAQ、RAQ 指标的性能。分析发现，在本章实验数据集中，对于不同的推荐投资项目数，相较于 3.4.5 节所设置的第二类投资组合推荐模型（即 UCF_SC、RGP_SC、FNI_SC 模型），考虑市场羊群行为及理性投资的投资组合推荐的 PAQ、RAQ 指标的性能整体更优。这表明考虑市场羊群行为及理性投资的投资项目推荐方法，可有效地提高后续投资组合推荐质量，使其推荐结果更具经济意义。

## 4.5 本章小结

　　基于互联网金融市场对象关联网络模型，发掘考虑市场羊群行为的投资者概念特征和项目羊群程度风险特征，得出相应的概念模型；依据行为金融理论，在传统的 UCF 推荐方法的基础上，以理性投资为导向，发掘项目羊群程度风险特征，构建项目理性投资羊群行为因子，并分析其在引导投资者理性投资方面的价值；在计算接受推荐的投资者对当前在投项目的投资兴趣度时，除了考察接受推荐的投资者与项目已投标投资者的平均投资相似度，同时还从理性投资角度出发，将项目理性投资羊群行为因子与投资者自身的羊群行为倾向相结合，计算接受推荐的投资者对当前在投项目的投资兴趣度，以确定其个性化推荐投资项目列表；采用推荐中较为常用的 precision、recall、F－measure 指标和 3.4.3 节提出的 requality1、requality2 评价指标，以分别评价投资项目推荐模型的推荐精度、推荐结果的投资战略有效性。

　　实验结果表明，在投资项目推荐效果方面，与 UCF、RGP 和 FNI 等基准模型相比，本书提出的考虑市场羊群行为及理性投资的投资项目推荐模型（即 RHU 模型），不仅在考察推荐精度的传统指标 precision、recall、F－measure 上总体更优，而且在 3.4.3 节所提出的考察推荐结果的投资战略有效性的 requality1、requality2 指标上也要更优，这表明考虑市场羊群行为及理性投资的投资项目推荐方法不仅能引导投资者理性投资，更能较好地把握投资者的真实投标选择和投资意愿，从而更有助于提高推荐的有效性；在投资项目推荐的经济意义方面，相较于 3.4.5 节所设置的第二类投资组合推荐模型（即 UCF_SC、RGP_SC、FNI_SC 模型），考虑市场羊群行为及理性投资的投资组合推荐模型（即 RHU_SC 模型）的投资者实际回报率以及 PAQ、RAQ 指标整体更优，这表明，考虑市场羊群行为及理性投资的投资项目推荐方法有助于提高后续投资组合推荐的经济性能，使其投资组合推荐的结果更具经济效益。

第5章

# 基于预期效用最大化的
# 个性化投资组合推荐

本章基于互联网金融市场对象关联网络模型，通过对投资者风险偏好程度进行分析，针对如何确定推荐投资项目投资额分配问题，提出了考虑投资者预期效用最大化的投资组合推荐框架；结合考虑投资者朋友关系的个性化投资项目推荐方法及考虑市场羊群行为与理性投资的个性化投资项目推荐方法，设计实验方案，以检验本章所提出的投资组合推荐方法的推荐经济性能及决策满意度。

## 5.1 问题的提出

由于互联网金融市场的信息不对称问题相较于传统的金融市场更为严重，投资者在进行投资决策时往往面临着更大的决策风险。投资者在面对风险时通常会权衡利弊，从而影响其决策行为。在 1944 年，冯·诺伊曼和摩根斯坦等（Von Neumann & Morgenstern et al.，）经过严格的公理化假设，形成了较为完善的预期效用理论体系。在这些公理化假设下，关于不确定性环境下个体的决策和选择行为，预期效用理论认为，在存在风险的情况下，决策者追求的是对各种可能出现的结果进行加权估价后的期望效用的最大化。因此，对于互联网金融市场潜在的投资者而言，在面临不确定性的决策环境时，其投资决策过程往往是追求财富的预期效用最大化过程。经济学中往往将市场参加者按其风险偏好分为 3 大类，即风险厌恶者、风险中性者和风险爱好者，不同风险类别的投资者面对同样的经济收益，其效用往往存在较大差异。在现实生活中，一般认为投资者大多是理性的风险厌恶者，但不同的投资者风险厌恶程度有所不同，因此其对应的效用函数中的风险厌恶系数将有所不同。对于一个投资者来说，其风险厌恶系数越大，一个单位的风险为其所带来的效用损失将越大，反之越小。在金融领域中，投资者对待风险的态度一般通过投资者的效用函数来测定，在面临不确定的投资环境时，投资者往往更愿意选择使其预期效用最大化的决策方案。恰纳奥声等（Çanakoğlu et al.，2009）引入了指数效用函数，用于对投资者决策行为过程进行分析，取得了显著的效果。

赵等（Zhao et al.，2015）考虑了不同投资者当前的投资状态的差异性，提出了基于风险管理的个性化推荐策略，在确定推荐投资项目投资额的分配时，根据投资组合理论，对该推荐列表中的每一个投资项目的投资份额进行优化；该方法在进行推荐投资项目的投资份额分配时，往往以投资者经济收益为导向，忽视了不同投资者风险态度及其程度差异对其投资资金分配的影响。杰伊汗等（Ceyhan et al.，2011）在进行互联网金融投资项目投资组合优化分析时，与大多数互联网金融投资推荐相关研究类似，忽视了不同投资者对待风险态度的差异对其投资决策的影响，导致难以有效把握投资者的真实投资意愿，影响投资组合推荐的有效性。

鉴于此，考虑到现实市场环境及市场参加者行为特点，为了更好地把握投资者的投资动向，提高投资组合推荐的有效性，本章根据互联网金融市场对象关联网络模型及相关属性信息，分析其中的投资者风险厌恶程度，在指数效用函数假设基础上，构建基于预期效用最大化的互联网金融投资组合优化方案。

## 5.2 基于投资者风险偏好的投资组合优化模型

### 5.2.1 投资者风险偏好程度分析

组合投资理论和实践表明，投资者在不确定市场环境中对风险往往持谨慎保守态度，即大多都是风险厌恶者，一般假设效用函数为指数函数，可表示为 $U(x) = 1 - \exp(-bx)$，其中 b 可用于表示投资者的风险厌恶系数，x 表示投资者投资期望收益率，假设 x 服从均值为 $l_j^E$，标准差为 $l_j^{Prisk}$ 的正态分布。对于互联网金融市场对象关联模型的投资者集合 L 中的任一投资者 $l_j$，其预期效用函数如下所示。

$$E(U_j) = E[U_j(x)] = 1 - E[\exp(-bx)]$$

$$= 1 - \exp\left[-b_j l_j^E + \frac{1}{2}(b_j)^2 (l_j^{Prisk})^2\right] \qquad (5.1)$$

其中，依据 3.2.2 节所述，$l_j^E$ 表示投资者的预期回报率；$l_j^{Prisk}$ 表示投资者的历史投资风险。

在预期效用一定的情况下，式（5.1）也反映了该投资者在一定风险厌恶程度下，过去的投资预期回报率与所承担的历史投资风险之间的关系，如下所示。

$$l_j^E = \frac{1}{2}b_j (l_j^{Prisk})^2 - \frac{1}{b_j}\ln[1 - E(U_j)] \qquad (5.2)$$

将式（5.2）对 $l_j^E$ 求导，可得投资者的风险厌恶系数，如下所示。

$$l_j^b = b_j = \frac{\Delta l_j^E}{l_j^{Prisk}\Delta l_j^{Prisk}} = \frac{l_j^E - r^*}{(l_j^{Prisk})^2} \tag{5.3}$$

其中，$\Delta l_j^E / \Delta l_j^{Prisk}$ 表示投资者 $l_j$ 单位风险下的风险溢价，$r^*$ 表示投资者在无风险情况下的收益率，如购买国家公债或银行储蓄收益率。

由式（5.3）可知，投资者的风险厌恶系数与其单位风险溢价成正比，与投资者历史投资风险成反比。

## 5.2.2  确定推荐投资项目投资额

本章节将在指数效用函数及推荐投资项目已确定的假设基础上，结合5.2.1节所分析的投资者风险厌恶系数及其风险承受能力，构建基于投资者预期效用最大化的互联网金融投资组合优化模型。

对于投资者 $l_j$，假设其总投资金额为 $M_j$，所确定的推荐投资项目列表为 $T_j^2$；将投资者 $l_j$ 的总投资金额 $M_j$ 在推荐投资项目列表 $T_j^2$ 中的分配金额列表记为 $\mathbf{v}_j = (v_{j1}, v_{j2}, \cdots, v_{j|T_j^2|})$，其中 $\sum_{i=1}^{|T_j^2|} v_{ji} = M_j$。

基于预期效用的互联网金融市场投资组合优化模型的目标是：在已确定的投资者推荐投资项目列表假设的基础上，考虑投资者风险厌恶系数和历史投资风险，确定推荐列表中每一个投资项目的投资额，以使得该投资者预期效用最大化，如下所示。

$$\max E[U(x)] = \max(1 - E[\exp(-bx)])$$

$$= \max\left[ \sum_{i=1}^{|\mathbf{v}_j|} \frac{v_{ji}}{M_j} p_i^E - \frac{1}{2} b_j \sum_{i=1}^{|\mathbf{v}_j|} \left(\frac{v_{ji}}{M_j}\right)^2 (p_i^{risk})^2 \right]$$

$$\tag{5.4}$$

根据平台历史交易数据，通过5.2.1节式（5.3）可计算得出 $b_j = l_j^b$，因此，依据约束条件下的效用最大化原则，可得优化模型，如下所示。

$$\max E(\mathbf{v}_j) = \sum_{i=1}^{|\mathbf{v}_j|} \frac{\mathbf{v}_{ji}}{M_j} p_i^E - \frac{1}{2} l_j^b \sum_{i=1}^{|\mathbf{v}_j|} \left(\frac{\mathbf{v}_{ji}}{M_j}\right)^2 (p_i^{risk})^2$$

$$s.t.: \sum_{i=1}^{|\mathbf{v}_j|} \frac{\mathbf{v}_{ji}}{M_j} p_i^{risk} = l_j^{risk}$$

$$\sum_{i=1}^{|\mathbf{v}_j|} \mathbf{v}_{ji} = M_j$$

$$\mathbf{v}_{ji} \geq 0, i = 1, 2, \cdots, |\mathbf{v}_j| \qquad (5.5)$$

其中，$p_i^E$ 是指项目的预期收益，用项目的贷款利率衡量；$p_i^{risk}$ 是项目的违约风险，可利用历史数据训练违约风险预测模型，然后根据项目 $p_i$ 的相关特征（如传统财务特征和朋友网络风险特征）和与之存在从属关系 $E_2$ 的借款人的属性特征（如债务收入比）及相应的已训练的项目违约风险预测模型求得。$l_j^{risk}$ 是指投资者的预期投资风险，可定义为投资者 $l_j$ 过去所投资的项目违约风险的加权平均值，即 $l_j^{risk} = \sum_{i=1}^{|SP_j|} w_{ji} p_i^{risk}$，可反映投资者在历史投资过程中的投资风险承受能力。

## 5.3 考虑投资者预期效用最大化的投资组合推荐过程

面对已选定的若干推荐投资项目，如何确定其投资额的合理分配，在保证投资收益的前提下，尽可能降低投资风险，是互联网金融市场投资者的又一关键决策问题。由于不同的投资者对待风险的态度的差异，如风险厌恶程度不一样，甚至风险类别不同，在面对风险不同的同样货币预期值的投资收益时，产生的效用水平往往不同，而这很有可能会影响投资者的投资组合策略。本节依据预期效用理论，考虑投资者风险偏好对投资者投资决策行为的影响，以投资者预期效用最大化为导向，构建个性化投资组合推荐框架，以提高投资者的投资决策满意度和经济性能。

基于投资者预期效用最大化的投资组合推荐过程如下，如算法 5.1 所示，包含 2 个输入数据集。其中，SetH 是训练数据集，由过去的是否违约已知的借贷项目组成；$\mathbf{T}_j^2$ 是推荐项目数据集，在该数据集是当前投资者 $l_j$ 的推荐投资项目相关数据的集合，这些项目是否违约是未知的。

算法 5.1 基于投资者预期效用最大化的投资组合推荐模型（即 EU 模型）。

输入：训练数据集 SetH，推荐项目数据集 $\mathbf{T}_j^2$，以及分别包含的项目样本数量 $n_1$，$n_2$；

输出：个性化的推荐投资项目列表及其投资金额分配比例 $\{v_j\}_{j=1}^{|L|}$。

/* 初始化及模型训练 */

（1）$\{H_i\}_{i=1}^{n_1}$，$\{T_i\}_{i=1}^{n_2}$；/* 对 SetH 和 $\mathbf{T}_j^2$ 各项目财务特征及朋友网络风险特征进行统计计算及预处理 */

（2）$\{M_i^{NN}, M_i^{LOG}, M_i^{SVM}\}_{i=1}^{n_1}$；/* 基于常用的 3 种非线性预测方法（支持向量机 SVM、神经网络 NN 和 Logistic 回归 LOG），分别训练各项目 $p_i$ 的违约风险预测模型 */

（3）$\hat{M} = MAX\{M_i^{NN}, M_i^{LOG}, M_i^{SVM}\}_{i=1}^{n_1}$；/* 评估三种模型，选择预测效果最好的模型作为各项目 $p_i$ 违约风险 $p_i^{prisk}$ 的预测模型 $\hat{M}$ */

/* 计算 SetH 和 SetT 中各项目 $p_i$ 的相关概念特征 */

（4）$\{p_i^{HE}\}_{i=1}^{n_1}$，$\{p_i^{TE}\}_{i=1}^{n_2}$；/* 分别计算 SetH 和 $\mathbf{T}_j^2$ 中各项目 $p_i$ 的预期回报率 */

（5）$\{p_i^{Hrisk} = \hat{M_i}\}_{i=1}^{n_1}$，$\{p_i^{Trisk} = \hat{M_i}\}_{i=1}^{n_2}$；/* 借助 3.3.3 节所述模型 $M_2$，分别计算 SetH 和 $\mathbf{T}_j^2$ 中各项目 $p_i$ 的违约风险 */

/* 计算投资者集合 L 中各投资者 $l_j$ 的相关概念特征 */

（6）$\{l_j^{risk} = \sum_{i=1}^{|SP_j|} w_{ji}p_i^{Hrisk}\}_{j=1}^{|L|}$；

（7）$\{l_j^b = (l_j^E - r^*)/(l_j^{risk})^2\}_{j=1}^{|L|}$；

/* 确定接受推荐的投资者 $l_j(j=1,2,\cdots,m_{ac})$ 的推荐投资项目的投资

额分配列表 $\mathbf{v}_j$ ∗/

$$(8) \begin{cases} \max \sum_{i=1}^{|v_j|} \dfrac{v_{ji}}{M_j} p_i^{TE} - \dfrac{1}{2} l_j^b \sum_{i=1}^{|v_j|} \left( \dfrac{v_{ji}}{M_j} \right)^2 (p_i^{Prisk})^2 \\ \text{s. t.} : \sum_{i=1}^{|v_j|} \dfrac{v_{ji}}{M_j} p_i^{Trisk} = l_j^{risk}, \\ \quad \sum_{i=1}^{|v_j|} v_{ji} = M_j, \\ \quad v_{ji} \geqslant 0, i = 1,2,\cdots,|v_j|. \end{cases}_{j=1}^{m_{ac}}$$

考虑投资者预期效用最大化的投资组合推荐过程可描述如下：

第1步：初始化及模型训练过程 [第（1）~（3）行]。首先，对训练数据集 SetH 和 $\mathbf{T}_j^2$ 中各项目财务特征及朋友网络风险特征进行统计计算及预处理；其次，利用 SetH 分别训练得到各项目 $p_i$ 的基于神经网络违约风险预测模型 $M_i^{NN}$、基于 Logistic 方法违约风险预测模型 $M_i^{LOG}$ 和基于支持向量机违约风险预测模型 $M_i^{SVM}$；最后，利用 SetH 和 K – 折交叉验证（一般 K 取值为 10）方法评估各违约风险预测模型（即 $M_i^{NN}$, $M_i^{LOG}$, $M_i^{SVM}$）预测效果，选择其中预测准确率最高的模型用于项目违约风险预测。

第2步：分别计算 SetH 和 $\mathbf{T}_j^2$ 中各项目 $p_i$ 的相关概念特征 [第（4）~（5）行]。根据构建投资组合优化模型的需要，分别计算 SetH 和 $\mathbf{T}_j^2$ 中各项目 $p_i$ 的预期回报率（$p_i^{HE}$, $p_i^{TE}$）和实际回报率（$p_i^{Hreal}$, $p_i^{Treal}$）。

第3步：分别计算各投资者 $l_j$ 相应的概念特征 [第（6）~（7）行]。根据构建投资组合推荐优化模型的需要，针对每一位投资者 $l_j$，结合历史交易数据及互联网金融市场对象关联网络模型，分别计算投资者的历史投资风险 $l_j^{Prisk}$ 和风险厌恶系数 $l_j^b$。

第4步：基于投资者风险偏好和预期效用理论，确定接受推荐的投资者的投资额分配 [第（8）行]。针对每一位接受推荐的投资者 $l_j$，根据第3步所估计的投资者风险厌恶系数 $l_j^b$ 和预期投资风险 $l_j^{risk}$，从预期效用最大化出发，建立投资组合优化模型，确定投资者 $l_j$ 的总投资额 $M_j$ 在

推荐投资项目列表 $\mathbf{T}_j^2$ 中的分配金额列表 $\mathbf{v}_j$。

考虑投资者预期效用最大化的投资组合推荐方法的价值检验思路如下：

首先，为了提高实验的有效性和检验结果的可靠性，本章选取第 3 章所提出的考虑朋友关系的个性化投资项目推荐模型（简称 FNI 模型）及第 4 章所提出的考虑市场羊群行为及理性投资的投资项目推荐模型（简称 RHU 模型），分别确定每一位投资者 $l_j$ 的推荐投资项目列表 $\mathbf{T}_j^{FNI}$ 和 $\mathbf{T}_j^{RHU}$。

其次，在引入朋友网络风险特征后的混合指标预测模型 $M_2$ 进行项目违约风险预测的基础上，分别依据传统投资组合优化方法和本节所提出的考虑投资者预期效用最大化的投资组合优化方法，针对每一位投资者 $l_j$ 的投资项目列表（$\mathbf{T}_j^{FNI}$ 和 $\mathbf{T}_j^{RHU}$）分别进行组合投资推荐，确定其投资额在推荐投资项目列表中的分配。

最后，在考虑朋友网络风险特征的基础上，对基于传统投资组合优化方法的组合推荐结果和本章所提出的考虑投资预期效用最大化的投资组合推荐方法的推荐效果进行对比，以验证考虑投资预期效用最大化的投资组合推荐方法的有效性。

## 5.4 实验结果与分析

### 5.4.1 数据来源于样本选取

实验数据来源于美国 Prosper 网络借贷平台 2006 年以来的开放数据。该数据集包含相互关联的 7 类对象信息，分别是项目类别、群组、注册成员、列表项目、贷款项目、投标、角色，信息量巨大。其中，注册成员 1 309 510 个，列表项目 371 896 个，投标数为 9 638 888 个。为了便于训练和测试，首先，对该数据集进行了初步过滤，选取其中已完结且违约状态明确的 25 229 个项目及与这些项目相关的列表项目、投标和注册成员等信息，针对每一个项目，统计计算其投资者信息，针对每一位投资者，统计其直接朋友信息及投标信息，以此作为构建互联网金融市场对象关联网络的基础数据集 A。其次，考虑到数据的完整性，从 25 229 个项目中选取了最终违约且相关数据完善的 23 488 个项目，针对每一个项目，计算传统财务指标特征值及朋友网络风险特征值，并进行数值化、规范化处理，以此作为样本数据集 B。最后，将样本数据集 B 划分为两个数据集，其中 2010 年 12 月之前的项目作为训练集 SetH，2011 年期间项目作为测试集 SetT。

## 5.4.2 基于互联网金融市场对象关联网络模型的相关概念特征分析

通过随机选取 Prosper 平台上的 300 位投资者进行统计分析发现，如果投资者风险厌恶系数较大，投资太过保守，则其实际投资收益往往较低，如图 5.1（a）所示，很多的投资者所承担的风险很大，但它们的实际回报率却很低。如图 5.1（b）所示，当投资者风险厌恶系数大于 2.3，其实际回报率则低于 0.11。然而通过对平台投资者的投资预期风险和实际回报率进行分析发现，并非投资者承担较大的风险就一定能获得更高的投资收益。从图 5.1（b）中也可以发现，对于大多数互联网金融平台的投资者，其风险厌恶系数较低，介于 0.46～2.10，表示愿意投资风险较高的项目，但是他们中仅有少部分人实际回报率较高，能获得较好的投资收益，究其原因，可能是由于大多数投资者（特别是非专业的投资者）在经验不足的情况下冒险选择了单位风险溢价较低的投资项目，如

图 5.1（c）所示。

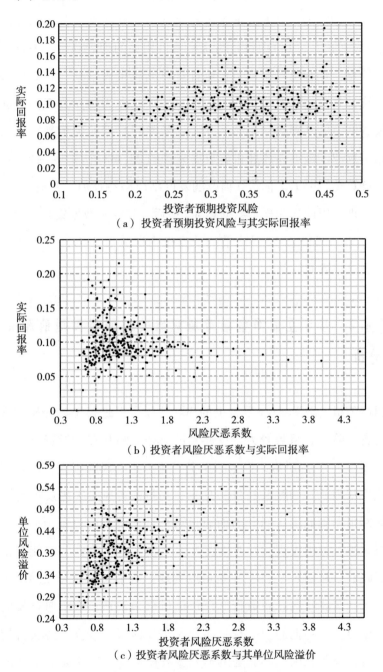

（a）投资者预期投资风险与其实际回报率

（b）投资者风险厌恶系数与实际回报率

（c）投资者风险厌恶系数与其单位风险溢价

**图 5.1　项目和投资者相关概念关联**

### 5.4.3 基于投资者预期效用最大化的投资组合推荐的经济性能分析

为了有效验证基于投资者预期效用最大化的投资组合推荐经济性能，本节在第 3 章提出的 FNI 投资项目推荐模型和第 4 章提出 RHU 投资项目推荐模型及引入朋友网络风险特征后的混合指标预测模型 $M_2$ 进行项目违约风险预测的基础上，设置了两类模型：

第一类是在引入朋友网络风险特征后的混合指标预测模型 $M_2$ 进行项目违约风险预测的基础上，依据传统投资组合优化方法所构建的投资组合推荐模型（即 FNI_SC 模型、RHU_SC 模型）。

第二类是在引入朋友网络风险特征后的混合指标预测模型 $M_2$ 进行项目违约风险预测的基础上，进一步考虑投资者预期效用最大化的投资组合推荐模型（即 FNI_EU 模型、RHU_EU 模型）。

其中，FNI_SC 模型首先通过 3.3.1 节式（3.6）计算每一位投资者针对测试数据集 SetT 中的项目的投资兴趣度，确定其推荐投资项目列表，其次针对每一个推荐投资项目，利用预测模型 $M_2$ 进行项目违约风险预测，最后在此基础上结合传统的投资组合优化方法进行投资额的分配；RHU_SC 模型首先通过 4.3.2 节式（4.11）计算每一位投资者针对测试数据集 SetT 中的项目的投资兴趣度，确定其推荐投资项目列表，其次针对每一个推荐投资项目，利用预测模型 $M_2$ 进行项目违约风险预测，最后在此基础上结合传统的投资组合优化方法进行投资额的分配；FNI_EU 模型首先通过 3.3.1 节式（3.6）计算每一位投资者针对测试数据集 SetT 中的项目的投资兴趣度，确定其推荐投资项目列表，其次针对每一个推荐投资项目，利用预测模型 $M_2$ 进行项目违约风险预测，最后在此基础上依据考虑投资者预期效用最大化的投资组合优化方法进行投资额的分配；

RHU_EU 模型首先通过 4.3.2 节式（4.11）计算每一位投资者针对测试数据集 SetT 中的项目的投资兴趣度，确定其推荐投资项目列表，其次针对每一个推荐投资项目，利用预测模型 $M_2$ 进行项目违约风险预测，最后在此基础上依据基于投资者预期效用最大化的投资组合优化方法进行投资额的分配。

针对以上 4 种模型，本章节采用 5 个指标对各种模型的推荐经济效果进行对比分析，以便对本书所提出的考虑投资者预期效用最大化的投资组合推荐经济效果进行全面评价。

其中，前 3 个指标采用 3.4.4 节所述的实际回报率、PAQ 指标和 RAQ 指标对各种模型的推荐经济效果进行对比分析，以便评价基于投资者预期效用最大化的投资组合推荐方法的推荐经济性能。

在投资组合推荐过程中，如果投资者承担单位风险所获投资实际回报率与其预期回报率之间的差异越小，同时推荐的准确率和召回率越高，投资者决策的经济效用将越好。因此，除了以上 3 个指标之外，本书提出了第 4 个指标 RPAQ（rate of return and precision under unit risk）和第 5 个指标 RRAQ（rate of return and recall under unit risk），目的是考察投资者承担单位风险所获投资实际回报率与其预期回报率之间的差异对其决策满意度及经济效用的影响，其计算公式分别为式（5.6）、式（5.7）。第 4 个指标 RPAQ 定义为投资推荐准确率乘以投资者承担单位风险所获投资实际回报率与其预期回报率之间的差异。第 5 个指标 RRAQ 定义为投资推荐召回率乘以投资者承担单位风险所获投资实际回报率与其预期回报率之间的差异，这两个指标值越大，表明投资者的决策满意度越高、经济效用越大。

$$RPAQ(j) = \text{precision}(j)\left(RP_j^{real} - RP_j^{E}\right) \tag{5.6}$$

$$RRAQ(j) = \text{recall}(j)\left(RP_j^{real} - RP_j^{E}\right) \tag{5.7}$$

其中，$RP_j^{real}$ 是投资者 $l_j$ 在推荐结果中承担单位风险的实际回报率，$RP_j^E$ 是投资者 $l_j$ 在推荐结果中承担单位风险的期望回报率。

为了消除由于推荐投资项目数的不同选择以及随机取样所带来的偏差，保证验证结果的可信度，我们设置了不同的推荐候选投资项目数，并分别计算每一位投资者的相应指标值，然后再求平均值，最终结果如图 5.2 和图 5.3 所示。

首先，分析各模型的推荐结果为投资者带来的实际回报率。在图 5.2（a）和 5.3（a）中，real_FNI_SC、real_FNI_EU、real_RHU_SC、real_RHU_EU 分别表示 FNI_SC、FNI_EU、RHU_SC、RHU_EU 这 4 种模型的推荐结果为投资者带来的实际回报率。根据图 5.2（a）和 5.3（a）可以发现，在本书实验数据集中，不管是采用 FNI 方法还是 RHU 方法确定推荐投资项目列表，在本章实验数据集中，对于不同的推荐投资项目数，相对于考虑朋友网络风险特征的投资组合优化方法，在考虑朋友网络风险特征的基础上，进一步考虑投资者预期效用最大化的投资组合推荐方法的推荐结果为投资者带来的实际回报率都要更高。这表明本章所提出的基于投资者预期效用最大化的投资组合推荐方法能有效地提高投资者的实际收益率，使其投资组合推荐的经济效果更好。

其次，评价各模型的投资组合推荐的质量及经济意义。在图 5.2（b）和图 5.3（b）分别对比了不同的推荐投资项目数量的情况下，不同模型的 PAQ、RAQ 指标的性能。分析发现，在本书实验数据集中，不管是采用 FNI 方法还是 RHU 方法确定推荐投资项目列表，在本章实验数据集中，对于不同的推荐投资项目数，相对于传统的投资组合推荐方法，考虑投资者预期效用最大化的投资组合推荐的 PAQ、RAQ 指标的性能都是最好的。这表明在投资推荐过程中，从投资者预期效用最大化出发构建投资组合优化模型，可有效地提高模型的投资组合推荐质量，使其推荐结果具有更好的经济性能。

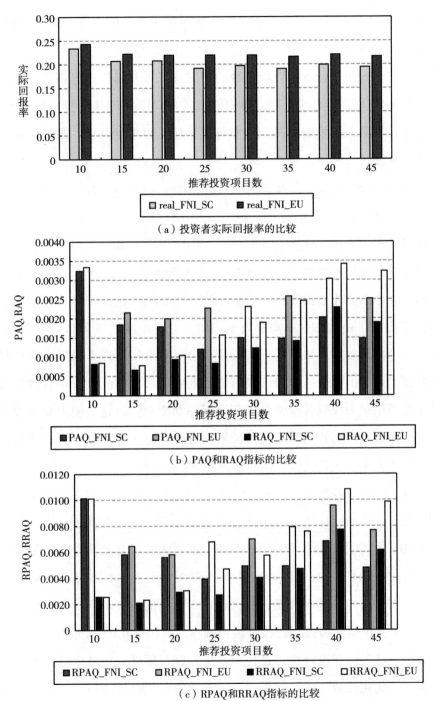

（a）投资者实际回报率的比较

（b）PAQ和RAQ指标的比较

（c）RPAQ和RRAQ指标的比较

图5.2 基于FNI投资项目推荐方法的投资组合推荐指标的比较

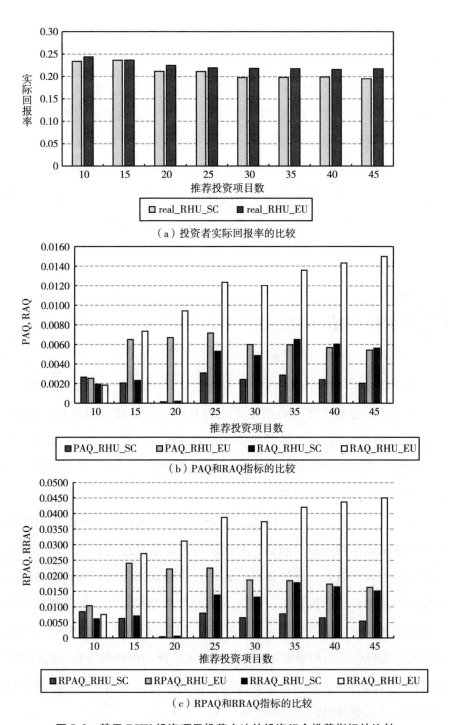

（a）投资者实际回报率的比较

（b）PAQ和RAQ指标的比较

（c）RPAQ和RRAQ指标的比较

图5.3　基于 RHU 投资项目推荐方法的投资组合推荐指标的比较

最后，评价各模型的投资组合推荐为投资者带来的决策满意度及经济效用。在图 5.2（c）和图 5.3（c）中分别对比了不同的推荐投资项目数的情况下，不同模型的 RPAQ、RRAQ 指标的性能。分析发现，在本章实验数据集中，不管是采用 FNI 方法还是 RHU 方法确定推荐投资项目列表，对于不同的推荐投资项目数，相对于传统的投资组合推荐方法，基于投资者预期效用最大化的投资组合推荐的 RPAQ、RRAQ 指标的性能都是最好的。这表明在投资组合推荐过程中，从投资者预期效用最大化出发建立投资组合优化模型，可有效提高投资者的决策满意度，使其推荐结果更具经济效用。

## 5.5 本章小结

在指数效用函数假设基础上，考察投资者风险厌恶系数及历史风险承受能力，构建基于预期效用最大化的互联网金融投资组合优化模型，确定投资者的总投资额在推荐投资项目列表中的分配；提出了新的评价指标，以评价基于预期效用最大化的互联网金融投资组合推荐方法的推荐经济效果以及推荐投资满意度。

实验结果表明，基于项目违约风险预测模型 $M_2$，针对 FNI 和 RHU 投资推荐方法所推荐的投资项目，分别采用传统投资组合优化方法和基于投资者预期效用最大化的投资组合优化方法确定推荐投资项目投资额的分配，与采用传统的投资组合优化方法的推荐结果相比，基于投资者预期效用最大化的投资组合推荐方法的投资者实际回报率以及 PAQ、RAQ、RPAQ 和 RRAQ 指标都要更优，这表明考虑投资者预期效用最大化的投资组合推荐方法有利于提高投资者的实际投资收益和投资决策满意度，即其推荐的结果更具经济效益和效用。

# 结论与展望

    互联网金融市场将拥有闲散资金的社会成员与资金的需求方联系起来，为中小企业融资和小额借贷提供了一个新的解决方案，也为社会成员提供了一种新的投资途径。近年来，不管是国内还是国外，该类市场发展迅猛，也吸引着越来越多的潜在投资者。对于互联网金融市场投资者来说，如何选择真正符合自己需求与偏好的投资项目并进行投资额的合理分配，是他们急需解决的关键决策问题，将直接影响其投资效果。然而，互联网金融市场中的关键决策信息的不完全、市场噪声与市场失灵等一系列问题往往使得投资者，特别是众多的非专业的投资者陷入决策困境。仅提供平台借款人与项目风险评价相关信息，虽然可以缓解投资者所面临的不利选择，但远不足以使他们摆脱这种困境，进而做出有效的投资决策。如何从蕴含着大量市场噪声的、价值密度不高的市场信息与经济信号中发掘与投资者投资决策密切相关的有用知识并进行高效地分析，是提高互联网金融市场投资者投资决策效果的关键。借助推荐系统及其导航功能，可帮助投资者进行决策相关信息的有效识别、查询与分析，在一定程度上帮助投资者摆脱决策困境。

目前，互联网金融市场投资推荐相关研究大多是利用项目风险评估结果、投资者历史交易数据及其社交关联数据等信息，分析项目与投资者之间、借款人与项目之间及投资者之间的相互关联，从项目的违约风险预测、投资相似度计算及项目投资者投资能力分析等角度出发进行分析，设计相应的投资推荐方案，为不同投资者提供个性化的投资推荐服务。关于这方面的研究主要存在以下问题：（1）对现实互联网金融市场投资者的行为特点及其决策行为影响因素认识不足；（2）难以准确把握投资者的投资需求与偏好；（3）基于互联网金融市场信息的决策相关知识的有效发掘与利用有待加强。目前，在大多互联网金融投资推荐方案设计相关研究中，关于平台社会网络、投资者决策目标与风险态度及市场羊群行为等方面的关键决策知识发现及应用明显不足，由于其中与投资决策相关的具有现实或潜在价值的知识没有得到有效的发掘与充分的利用，导致难以准确把握投资者的投资动向，影响投资推荐服务质量。具体体现在以下几个方面。

（1）朋友网络相关知识发现。微观社会资本理论认为社会网络中的个体行动者的社会网络地位状况及关系指向特征将影响其决策行为与经济结果。互联网金融市场中的在线社会网络，如朋友网络，有别于传统的社会网络，该网络中的注册用户之间可以不受时空的限制自由地组织联系、快速地进行信息分享和市场交易，并由此建立各种关联。由于互联网金融市场的不完全与非对称，投资者在进行投标决策时，这些关联中所传递的大量的市场信息和经济信号将对其投资决策行为产生影响。因而，投资者的投资决策行为不仅与项目的投资相似度和项目投资者能力相关，而且在很大程度上还会受到朋友网络中的其他市场参加者（特别是有投资能力的直接朋友）投资决策的影响。关于朋友网络相关研究大多侧重于对融资能力、经济效率和投资决策效果等方面的影响研究，部分研究指出，朋友网络等社会网络在降低互联网金融市场信用风险中有一定的作用，但关于朋友网络风险特征的多角度发掘及决策行为影响程度定量分析明显不足，将其分析结果应用于个性化投资推荐的研究相对较少。

（2）投资者决策目标与风险态度方面。依据经济学相关理论，市场参加者按其风险偏好可分为风险厌恶者、风险中性者和风险爱好者。组合投资理论和实践表明，投资者在不确定市场环境中对风险持谨慎保守态度，即大多是风险厌恶者，但不同的投资者风险厌恶程度有所不同。投资者对待风险的态度一般通过投资者的效用函数来测定，对于风险厌恶程度不同的投资者，其对应的效用函数中的风险厌恶系数将有所不同。投资者风险厌恶系数越大，一个单位的风险为其所带来的效用损失将越大，反之越小。对于互联网金融市场投资者而言，经济收益可以说是其投资关注的核心，将直接影响着其投资策略的选择，因此，当前关于互联网金融投资组合推荐优化模型大多围绕这一核心展开设计。然而大量的实践研究表明，在现实金融市场中，当投资者面临不确定的投资环境时，其投资决策行为往往会受到其风险偏好的影响，在投资项目选择时往往更愿意选择使其预期效用最大化的决策方案。

（3）市场羊群行为方面。在互联网金融市场中，羊群行为是一种客观存在的非理性的行为，它的存在不仅会改变投资者的投资偏好，影响投资者的投资决策行为，往往还会对投资效用及市场运行效率产生不良影响，进而妨碍网络金融市场的良性发展。对于互联网金融市场的大多数投资者，特别是非专业的投资者而言，当获取和有效分析相关决策信息（如项目违约风险相关信息）需要花费较高的成本时，为了降低由于不利选择所带来的预期投资风险，投资者在进行投资决策时往往会寻求获取或分析成本相对较低的市场信号（如能够反映市场绝大多数投资者策略选择的相关信息）作为决策依据，有时甚至会完全忽视自己的私人信息，采取羊群行为。目前，关于互联网金融市场羊群行为的研究，主要侧重于从市场总量的角度进行羊群行为的分类、检测及其对市场投资效果影响分析等方面。关于项目羊群程度的研究较少，现有文献主要是依据项目累计投资额在期间范围内的增长率来反映项目的投标热度，笼统地衡量项目的羊群程度。然而，由于互联网金融市场羊群行为的非理性，该衡量指标中往往包含着大量的市场噪声，无法真正帮助投资者摆脱由于不利选择所带来的决策困境，从整体上提高其投资决策的有效性。

鉴于此，为了提高互联网金融市场投资推荐的性能，促进该市场长期良性发展，有必要从市场投资者行为特点及决策行为影响因素出发，结合平台历史交易数据及主要对象间的关联关系，多角度发掘有助于把握投资者投资需求与决策偏好的相关知识，设计对应的投资者决策行为影响因子，并将之合理应用于个性化的投资推荐方法中。主要研究内容有以下几点。

（1）构建互联网金融市场对象关联网络模型，全面发掘项目朋友网络风险特征。由于互联网金融市场关键决策信息不完全或整体质量较低，投资者在市场交易过程中往往面临着更大的投资风险；通过分析 Prosper 平台主要对象之间的各种关联关系，构建互联网金融市场对象关联网络模型，并在此基础上全面发掘与项目违约风险相关的朋友网络候选特征，从中筛选出与项目是否违约显著相关的朋友网络风险特征，并对这些特征的违约风险预测价值进行检验；考虑互联网金融投资组合推荐中风险管理的需要，将引入朋友网络风险特征后的项目违约风险预测模型的预测结果应用于互联网金融投资组合优化模型，以提高投资组合推荐的经济性能。

（2）设计朋友投标行为影响因子，构建考虑投资者朋友关系的互联网金融个性化投资项目推荐模型（即 FNI 模型）和考虑朋友关系的个性

化投资推荐模型（即 FNI_SC 模型）。基于互联网金融市场对象关联网络
模型，分析接受推荐的投资者与项目已投资者之间的朋友关联与行为关
联，探讨投资者的直接朋友的投标行为对其投资偏好的影响，设计基于
投资者朋友关系的朋友投标行为影响因子，并将之应用于投资项目推荐
方案设计，构建考虑投资者朋友关系的个性化投资项目推荐模型（即 FNI
模型）；提出了新的评价指标，以评估模型投资项目推荐的整体质量；将
考虑投资者朋友关系的投资项目推荐方法与考虑朋友网络风险特征的投
资组合优化模型（即 SC 模型）相结合，设计综合考虑朋友关系的个性化
投资推荐框架。

（3）设计项目理性投资羊群行为因子，构建考虑市场羊群行为及理
性投资的个性化投资项目推荐模型（即 RHU 模型）。基于互联网金融市
场对象关联网络模型及传统协同过滤推荐方法，考虑到市场羊群行为对
投资者决策行为的影响，通过对项目羊群程度相关特征进行发掘，对市
场投资者决策时从众心理进行分析，从理性投资的角度出发，设计考虑
市场羊群行为及理性投资的个性化投资项目推荐算法。一方面，考虑到
互联网金融市场投资者决策时的普遍从众心理，根据 Prosper 平台历史投
标相关数据，针对每一个潜在投资者，计算其对应的羊群行为倾向，以
反映投资者投标决策时从众心理的强度；另一方面，考虑到以往项目羊
群程度衡量指标所蕴含的决策信息中存在大量的市场噪声，无法汇聚大
众智慧，以市场理性投资为导向，针对互联网金融市场对象关联网络模
型中各项目和投资者之间投标关联数据，发掘其中的项目羊群程度相关
特征，并从中筛选出与项目违约风险显著相关的特征，即项目羊群程度
风险特征，构建考虑理性投资的项目羊群程度概念模型。在进行互联网
金融个性化投资项目推荐方案设计时，综合考虑投资相似度、投资者羊
群行为倾向及项目理性投资驱动力，在提高推荐效果的同时，进一步引
导市场投资者理性投资。

（4）分析不同投资者对待风险态度的差异，构建基于投资者预期效用最大化的投资组合优化模型（即 EU 模型）。基于互联网金融市场对象关联网络模型，分析市场投资者的风险厌恶程度的差异及其对投资者决策行为的影响，考察投资者风险厌恶系数及风险承受能力，结合预期效用理论，设计了基于投资者预期效用最大化的投资组合推荐算法。提出了新的评价指标，以综合评估该模型的投资决策满意度、经济效益和效用。

本书的创新性工作主要表现在以下 3 个方面。

（1）构建互联网金融市场对象关联网络模型，发掘投资者决策行为影响因子。依据互联网金融市场历史交易数据及对象属性信息，分析主要对象之间的各种关联关系，构建互联网金融市场对象关联网络模型；基于互联网金融市场对象关联网络模型，发掘有助于把握投资者决策行为动向的知识，并将其转化为可应用于投资推荐的变量，即投资者决策行为影响因子，以期更好地把握投资者的投资需求与偏好，为后续互联网金融市场投资推荐效果的优化提供支持；主要包括四个方面：一是从借款人朋友关系中发掘具有项目违约风险预测价值的相关特征，即朋友网络风险特征，在提高项目违约风险预测的有效性的基础上，为后续的投资组合优化提供支持；二是考虑到投资者朋友投标行为对其决策行为的影响，设计基于投资者朋友关系的朋友投标行为影响因子，以有效把握投资者投资决策兴趣与偏好，提高投资项目推荐的效果；三是考虑到市场羊群行为对投资者决策行为的影响，设计项目理性投资羊群行为因子，以提高投资项目推荐的质量，引导投资者理性投资；四是考虑到投资者风险厌恶程度差异对其决策行为的影响，计算投资者风险厌恶系数，为后续的投资组合优化提供支持。

（2）针对投资者投资项目选择问题，分别设计了考虑互联网金融市场投资者朋友关系的投资项目推荐方法和考虑互联网金融市场羊群行为及理性投资的投资项目推荐方法。基于互联网金融市场对象关联网络模型及传统的协同过滤推荐方法，针对投资者项目选择问题，分别从社会资本及市场羊群行为的角度引入相应的投资者决策行为影响因子，即投资者朋友投标行为影响因子和项目理性投资羊群行为因子，设计考虑互联网金融市场投资者朋友关系的投资项目推荐方法和考虑互联网金融市场羊群行为及理性投资的投资项目推荐方法；提出了两个新的评价指标，以综合评估该方法的投资推荐质量。

（3）针对投资者资金额在投资项目中的分配问题，设计了考虑朋友网络风险特征的投资组合推荐方法和考虑投资者预期效用最大化的投资组合推荐方法。基于互联网金融市场对象关联网络模型及传统的互联网金融市场投资组合推荐算法，进一步考虑借款人朋友关系及投资者风险偏好差异对投资者决策行为的影响，针对投资者投资额分配的决策问题，分别从借款人的社会网络及投资者预期效用最大化的角度对互联网金融投资组合推荐优化模型进行研究，提出考虑朋友网络风险特征的投资组合推荐方法和考虑投资者预期效用最大化的投资组合推荐方法；设计新的评价指标，以评估该模型的投资决策满意度、经济效益和效用。

本书也存在诸多不足之处，有待进一步研究，主要表现在以下 3 个方面。

（1）对投资者羊群行为特点及理性分析的研究不够深入。在互联网金融市场中，投资者在进行投资决策时普遍存在从众心理，不同投资者由于其自身文化程度、专业背景、投资环境等方面的差异，其从众心理强度往往不同，表现为在投资决策时的羊群行为的性质及程度的差异。通过对不同投资者自身特点及历史投资信息进行深入分析，发掘不同投资者决策时的羊群行为特征、类别及规律等知识；在进行个性化的投资推荐过程中，将这些知识引入算法设计中，有望进一步提高个性化投资推荐效果。

（2）没有基于社会网络信任关系的理性投资引导机制进行研究。大多数研究表明，互联网金融市场投资行为往往呈现非理性特征，它的存在会对投资者的投资效用及市场运行效率产生不利影响。通过分析平台社会网络信息传递与流动关系，发掘能反映其中投资者之间信任关系的相关知识，并在此基础上构建引导市场投资者理性投资有效机制，以促进网络金融市场的良性发展，为当前互联网金融市场管理与调控提供支持。

（3）没有基于中国互联网金融平台及项目风险的个性化投资推荐策略进行研究。目前，虽然随着中国互联网金融市场的日渐成熟及市场监管的逐步规范，我国的互联网金融市场已经由"野蛮生长"阶段逐步迈向"合规生长"阶段，国内互联网金融市场投资者关注的重心已然发生了转变，即由专注平台选择逐步转向可靠投资项目的选择上。但与国外少数互联网金融平台垄断局面不同，中国互联网金融平台的数量较多且良莠不齐，投资者在进行投资决策时必然会考虑平台质量及风险。在本书研究的基础上，依据中国互联网金融平台发展现状及平台风险决定因素，设计基于我国国情的个性化投资推荐方案，可以为我国当前互联网金融市场投资决策及市场管理与调控提供支持。

# 参 考 文 献

［1］陈冬宇. 基于社会认知理论的 P2P 网络放贷交易信任研究［J］. 南开管理评论, 2014, 17（3）: 40 - 48.

［2］陈金龙, 张维. CVaR 与投资组合优化统一模型［J］. 系统管理学报, 2002, 11（1）: 68 - 71.

［3］陈霄, 丁晓裕, 王贝芬. 民间借贷逾期行为研究——基于 P2P 网络借贷的实证分析［J］. 金融论坛, 2013（11）: 65 - 72.

［4］陈霄. 民间借贷成本研究——基于 P2P 网络借贷的实证分析［J］. 金融经济学研究, 2014, 29（1）: 37 - 48.

［5］冯芷艳, 郭迅华, 曾大军, 陈煜波, 陈国青. 大数据背景下商务管理研究若干前沿课题［J］. 管理科学学报, 2013, 16（1）: 1 - 9.

［6］傅彦铭, 臧敦刚, 戚名钰. P2P 网络贷款信用的风险评估［J］. 统计与决策, 2014（21）: 162 - 165.

［7］顾慧莹, 姚铮. P2P 网络借贷平台中借款人违约风险影响因素研究——以 WDW 为例［J］. 上海经济研究, 2015（11）: 37 - 46.

［8］姜青舫, 陈方正. 风险度量原理［M］. 上海: 同济大学出版社, 2000.

［9］蒋翠清, 王睿雅, 丁勇. 融入软信息的 P2P 网络借贷违约预测方法［J］. 中国管理科学, 2017（11）: 12 - 21.

［10］蒋彧, 周安琪. P2P 网络借贷中存在地域歧视吗? ——来自

"人人贷"的经验数据［J］. 中央财经大学学报, 2016 (9): 29 – 39.

［11］廖理, 李梦然, 王正位, 贺裴菲. 观察中学习: P2P 网络投资中信息传递与羊群行为［J］. 清华大学学报 (哲学社会科学版), 2015, 30 (1): 156 – 165.

［12］廖理, 李梦然, 王正位. 聪明的投资者: 非完全市场化利率与风险识别——来自 P2P 网络借贷的证据［J］. 经济研究, 2014 (7): 125 – 137.

［13］廖理, 向佳, 王正位. P2P 借贷投资者的群体智慧［J］. 中国管理科学, 2018 (10): 30 – 40.

［14］刘树栋, 孟祥武. 基于位置的社会化网络推荐系统［J］. 计算机学报, 2015, 38 (2): 322 – 336.

［15］孟祥武, 刘树栋, 张玉洁, 胡勋. 社会化推荐系统研究［J］. 软件学报, 2015, 26 (6): 1356 – 1372.

［16］缪莲英, 陈金龙. P2P 网络借贷中社会资本对借款者违约风险的影响——以 Prosper 为例［J］. 金融论坛, 2014 (3): 9 – 15.

［17］彭红枫, 杨柳明, 谭小玉. 地域差异如何影响 P2P 平台借贷的行为——基于"人人贷"的经验证据［J］. 当代经济科学, 2016, 38 (5): 21 – 34.

［18］彭伟, 周晗鹭, 符正平. 团队内部社会网络对团队创新绩效的影响机制——以企业 R&D 团队为样本的实证研究［J］. 科研管理, 2013, 34 (12): 135 – 142.

［19］史小康, 何晓群. 有偏 Logistic 回归模型及其在个人信用评级中的应用研究［J］. 数理统计与管理, 2015, 34 (6): 1048 – 1056.

［20］苏亚, 成春林. P2P 网贷借款人违约行为影响因素的实证研究［J］. 金融发展研究, 2017 (1): 70 – 76.

［21］王会娟，廖理．中国 P2P 网络借贷平台信用认证机制研究——来自"人人贷"的经验证据［J］．中国工业经济，2014（4）：136－147．

［22］王正位，向佳，廖理，张伟强．互联网金融环境下投资者学习行为的经济学分析［J］．数量经济技术经济研究，2016，33（3）：95－111．

［23］吴佳哲．基于羊群效应的 P2P 网络借贷模式研究［J］．国际金融研究，2015（11）：88－96．

［24］肖曼君，欧缘媛，李颖．我国 P2P 网络借贷信用风险影响因素研究——基于排序选择模型的实证分析［J］．财经理论与实践，2015，36（1）：2－6．

［25］杨东辉，万杰，于光，刘金福，于达仁．基于修正相似度的微博社会化推荐系统构建方法研究［J］．软科学，2016，30（2）：126－129．

［26］杨立，赵翠翠，陈晓红．基于社交网络的 P2P 借贷信用风险缓释机制研究［J］．中国管理科学，2018，26（1）：47－56．

［27］张科，裴平．信息不对称、贷款人类型与羊群效应——基于人人贷网络借贷平台数据的研究［J］．经济管理，2016，38（6）：125－137．

［28］张澜觉．基于 BP 神经网络的 P2P 信贷个人信用评价模型研究［D］．云南财经大学，2015．

［29］朱梦莹，郑小林，王朝晖．基于风险和剩余价值的在线 P2P 借贷投资推荐方法［J］．计算机研究与发展，2016，52（12）：2708－2720．

［30］朱南，朱传进．羊群行为影响下 P2P 网贷市场投资组合优化研究［J］．金融发展研究，2017（11）：47－53．

［31］朱夏，宋爱波，东方，罗军舟．云计算环境下基于协同过滤的个性化推荐机制［J］．计算机研究与发展，2014，51（10）：2255－2269．

［32］Ahuja M K, Galletta D F, Carley K M. Individual centrality and performance in virtual R&D groups：An empirical study［J］．Management Science, 2003, 49 (1): 21 – 38.

[33] Asch S E. Studies of independence and conformity: I. A minority of one against a unanimous majority [J]. Psychological Monographs, 1956, 70 (9): 1 – 70.

[34] Barasinska N, Schaefer D. Does gender affect funding success at the Peer-to-Peer credit markets? Evidence from the largest german lending platform [J]. Social Science Electronic Publishing, 2010. Availableat SSRN: https://ssrn. com/abstract = 1738837or http://dx. doi. org/10. 2139/ssrn. 1738837.

[35] Berger S C, Gleisner F. Emergence of Financial Intermediaries in Electronic Markets: The Case of Online P2P Lending [J]. Social Science Electronic Publishing. Available at SSRN: https://ssrn. com/abstract = 1568679.

[36] Berkovich E. Search and herding effects in peer-to-peer lending: evidence from propser. com [J]. Annals of Finance, 2011, 7 (3): 389 – 405.

[37] Bugera V, Konno H, Uryasev S. Credit cards scoring with quadratic utility functions [J]. Journal of Multi-Criteria Decision Analysis, 2002, 11 (4 – 5): 197 – 211.

[38] Burtch G, Ghose A, Wattal S. Cultural differences and geography as determinants of online prosocial lending [J]. MIS Quarterly, 2014, 38 (3): 773 – 794.

[39] Ceyhan S, Shi X L, Leskovec J. Dynamics of bidding in a P2P lending service: Effects of herding and predicting loan success [C] // Proceedings of the 20th international conference on World Wide Web (WWW'11), Hyderabad, India, March 28-April 01, 2011: 547 – 556.

[40] Chatterjee S, Barcun S. A nonparametric approach to credit screening [J]. Journal of the American Statistical Association, 1970, 65 (329):

150 – 154.

［41］ Chen D Y, Han C D. A comparative study of online P2P lending in the USA and China ［J］. Journal of Internet Banking and Commerce, 2012, 17（2）: 1 – 15.

［42］ Chen D Y, Zheng H C. A Study of herd behavior and its rationality in China's online Peer-to-Peer lending market ［J］. Management Review, 2017, 29（1）: 3 – 11.

［43］ Chen D, Li X, Lai F. Gender discrimination in online peer-to-peer credit lending: evidence from a lending platform in China ［J］. Electronic Commerce Research, 2016: 1 – 31.

［44］ Chen M Y, Chen C C, Liu J Y. Credit rating analysis with support vector machines and artificial bee colony algorithm ［C］// International Conference on Industrial, Engineering and Other Applications of Applied Intelligent Systems, Amsterdam, The Netherlands, June 17 – 21, 2013: 528 – 534.

［45］ Collier B C, Hampshire R. Sending mixed signals: Multilevel reputation effects in peer-to-peer lending markets ［C］// Proceedings of the 2010 ACM conference on Computer supported cooperative work（CSCW '10）, Savannah, Georgia, USA, February 06 – 10, 2010: 197 – 206.

［46］ Çanakoğlu E, Özekici S. Portfolio selection in stochastic markets with exponential utility functions ［J］. Annals of Operations Research, 2009, 166（1）: 281 – 297.

［47］ Desai V S, Conway D G, Crook J N, et al. Credit-scoring models in the credit-union environment using neural networks and genetic algorithms ［J］. Ima Journal of Management Mathematics, 1997, Ⅷ（4）: 323 – 346.

［48］ Dongyu C, Gezhi C, Jie D, et al. Antecedents of initial trust in the online peer-to-peer lending marketplace ［C］// International Conference on Service Systems & Service Management （ICSSSM11）, Tianjin, China, June 25 – 27, 2011: 1 – 4.

［49］Ekstrand M D. Collaborative filtering recommender systems ［J］. Acm Transactions on Information Systems, 2007, 22 （1）: 5 – 53.

［50］Emekter R, Tu Y B, Jirasakuldech B, et al. Evaluating credit risk and loan performance in online Peer-to-Peer （P2P） lending ［J］. Applied Economics, 2015, 47 （1）: 54 – 70.

［51］Everett C R. Group Membership, Relationship Banking and Loan Default Risk: The Case of Online Social Lending ［J］. Banking & Finance Review, 2015, 7 （2）. Available at SSRN: https: //ssrn. com/abstract = 1114428 or http: //dx. doi. org/10. 2139/ssrn. 1114428.

［52］Freedman S, Jin G Z. Do social networks solve information problems for Peer-to-Peer lending? Evidence from Prosper. com ［J］. Ssrn Electronic Journal, 2008: 8 – 43.

［53］Freedman S, Jin G Z. Learning by doing with asymmetric information: Evidence from Prosper. com ［J］. Social Science Electronic Publishing, 2011. Available at SSRN: https: //ssrn. com/abstract = 1776790.

［54］Frerichs A, Michaelis C, Wienekamp M, et al. Usage of pre-made text-modules and peer-groups for mitigating information asymmetry in social lending: Evidence on funding success from german platform smava ［J］. International Journal of E-Business Research （IJEBR）, 2013, 9 （3）: 1 – 26.

［55］Galak J, Small D, Stephen A T. Microfinance decision making: A field study of prosocial lending ［J］. Journal of Marketing Research, 2011, 48 （SPL）: S130 – S137.

［56］ Gao Q, Lin M F. Linguistic Features and Peer-to-Peer Loan Quality: A Machine Learning Approach ［R］. University of Arizona, 2014. Available at < http: //ssrn. con/abstract = 2446114 >.

［57］ Gonzalez L, Loureiro Y K. When can a photo increase credit? The impact of lender and borrower profiles on online peer-to-peer loans ［J］. Social Science Electronic Publishing, 2014, 2: 44 – 58.

［58］ Greiner M E, Wang H. Building Consumer-to-Consumer trust in E-finance marketplaces: An empirical analysis ［J］. International Journal of Electronic Commerce, 2010, 15 (2): 105 – 136.

［59］ Grinblatt M, Keloharju M, Linnainmaa J T. IQ, trading behavior, and performance ［J］. Social Science Electronic Publishing, 2009. Available at SSRN: https: //ssrn. Com /abstract = 1364014 or http: //dx. doi. org/10. 2139/ ssrn. 1364014.

［60］ Guo Y H, Zhou W J, Luo C Y, et al. Instance-based credit risk assessment for investment decisions in P2P lending ［J］. European Journal of Operational Research, 2015, 249 (2): 417 – 426.

［61］ Herrero-Lopez S. Social interactions in P2P lending ［C］ // Proceedings of the 3 rd Workshop on Social Network Mining and Analysis (SNA-KDD '09), Paris, France, June 28, 2009: 12 – 12.

［62］ Herzenstein M, Dholakia U M, Andrews R L. Strategic herding behavior in Peer-to-Peer loan auctions ［J］. Journal of Interactive Marketing, 2011, 25 (1): 27 – 36.

［63］ Huang S C, Lee C W, Chang M J, et al. Using supervised kernel locality preserving projections to improve classifier performance on credit rating forecasting ［J］. Journal of Information and Optimization Sciences, 2011, 32

(1): 189 - 204.

[64] Huang Z, Chen H, Hsu C J, et al. Credit rating analysis with support vector machines and neural networks: a market comparative study [J]. Decision Support Systems, 2004, 37 (4): 543 - 558.

[65] Jensen H L. Using neural networks for credit scoring [J]. Managerial Finance, 1992, 18 (6): 15 - 26.

[66] Kahneman D, Tversky A. On the psychology of prediction [J]. Psychological Review, 1973, 80 (4): 237 - 251.

[67] Kandel E, Zilberfarb B Z. Differential interpretation of information in inflation forecasts [J]. Review of Economics and Statistics, 1999, 81 (2): 217 - 226.

[68] Klafft M. Online peer-to-peer lending: A lenders' perspective [J]. Ssrn Electronic Journal, 2008, 2 (2): 371 - 375.

[69] Krumme K A, Herrero S. Lending behavior and community structure in an online Peer-to-Peer economic network [C] // Proceedings of the 2009 International Conference on Computational Science and Engineering (CSE'09), August 29 - 31, Vancouver, BC, Canada, 2009, 04: 613 - 618.

[70] Krumme K, Herrero-Lopez S. Do lenders make optimal decisions in a Peer-to-Peer network? [C] // Proceedings of the 2009 IEEE/WIC/ACM International Joint Conference on Web Intelligence and Intelligent Agent Technology (WI-IAT '09), Milan, Italy, September 15 - 18, 2009, 01: 124 - 127.

[71] Larrimore L, Li J, Larrimore J, et al. Peer to Peer lending: The relationship between language features, trustworthiness, and persuasion success [J]. Journal of Applied Communication Research, 2011, 39 (1): 19 - 37.

[72] Lee E, Lee B. Herding behavior in online P2P lending: An empirical investigation [J]. Electronic Commerce Research & Applications, 2012, 11 (5): 495 −503.

[73] Leung M D, Sharkey A J. Out of sight, out of mind? Evidence of perceptual factors in the multiple-category discount [J]. Organization Science, 2014, 25 (1): 171 −184.

[74] Li S, Lin Z, Qiu J, et al. How friendship networks work in online P2P lending markets [J]. Nankai Business Review International, 2015, 6 (1): 42 −67.

[75] Lin M, Prabhala N R, Viswanathan S. Judging borrowers by the company they keep: Friendship networks and information asymmetry in online Peer-to-Peer lending [J]. Management Science, 2013, 59 (1): 17 −35.

[76] Liu D, Brass D J, Yong L, et al. Friendships in online peer-to-peer lending: pipes, prisms, and relational herding [J]. Mis Quarterly, 2015, 39 (3): 729 −742.

[77] Luo B, Lin Z. A decision tree model for herd behavior and empirical evidence from the online P2P lending market [J]. Information Systems & e-Business Management, 2013, 11 (1): 141 −160.

[78] Luo C, Xiong H, Zhou W, et al. Enhancing investment decisions in P2P lending: An investor composition perspective [C] // Proceedings of the 17th ACM SIGKDD international conference on Knowledge discovery and data mining (KDD '11), San Diego, CA, USA, August 21 − 24, 2011: 292 −300.

[79] Mangasarian O L. Linear and nonlinear separation of patterns by linear programming [J]. Operations Research, 1965, 13 (3): 444 −452.

［80］ Mollick E. The dynamics of crowdfunding：An exploratory study ［J］. Journal of Business Venturing, 2014, 29（1）：1 – 16.

［81］ Morgenstern O, Simon H A. Theory of games and economic behavior ［J］. Princeton University Press Princeton N J, 1944, 26（1 –2）：131 –141.

［82］ Musto C. Enhanced vector space models for content-based recommender systems ［C］// Proceedings of the fourth ACM conference on Recommender systems（RecSys '10）, Barcelona, Spain, September 26 – 30, 2010：361 – 364.

［83］ Nahapiet J, Ghoshal S. Social capital, intellectual capital, and the organizational advantage ［J］. Academy of Management Review, 1998, 23（2）：119 – 157.

［84］ Nicolosi G, Peng L, Zhu N. Do individual investors learn from their trading experience? ［J］. Yale School of Management Working Papers, 2009, 12（2）：317 – 336.

［85］ Piotroski J D, Roulstone D T. The Influence of analysts, institutional investors, and insiders on the incorporation of market, industry, and firm-specific information into stock prices ［J］. Accounting Review, 2004, 79（4）：1119 – 1151.

［86］ Pope D G, Sydnor J R. What's in a picture?：Evidence of discrimination from Prosper. com ［J］. Journal of Human Resources, 2011, 46（1）：53 –92.

［87］ Puro L, Teich J E, Wallenius H, et al. Bidding strategies for real-life small loan auctions ［J］. Decision Support Systems, 2011, 51（1）：31 –41.

［88］ Puro L, Teich J E, Wallenius H, et al. Borrower decision aid for people-to-people lending [J]. Decision Support Systems, 2010, 49 (1): 52 - 60.

[89] Putnam R D, Leonardi D R. Making democracy work: Civic traditions in modern italy [J]. Contemporary Sociology, 1994, 26 (3): 306 - 308.

[90] Pötzsch S, Böhme R. The role of soft information in trust building: Evidence from online social lending [C] // Proceedings of the 3rd international conference on Trust and trustworthy computing (TRUST'10), Berlin, Germany, June 21 - 23, 2010: 381 - 395.

[91] Ravina E. Beauty, Personal Characteristics, and Trust in Credit Markets [R]. Kellogg School of Management, 2008. Available at < http: // ssrn. con/abstract = 972801 >.

[92] Ravina E. Love & loans: The effect of beauty and personal characteristics in credit markets [J]. Social Science Electronic Publishing, 2012. Available at SSRN: https: //ssrn. com/abstract = 1101647 or http: //dx. doi. org/10. 2139/ssrn. 1101647.

[93] Resnick P, Iacovou N, Suchak M, et al. Grouplens: An open architecture for collaborative filtering of netnews [C] // Proceedings of the 1994 ACM conference on Computer supported cooperative work (CSCW '94), Chapel Hill, North Carolina, USA, October 22 - 26, 1994: 175 - 186.

[94] Rosenberg E, Gleit A. Quantitative methods in credit management: A survey [J]. Operations Research, 1994, 42 (4): 589 - 613.

[95] Rubinstein A. On price recognition and computational complexity in a monopolistic model [J]. Journal of Political Economy, 1993, 101 (3): 473 - 484.

[96] Serranocinca C, Gutiérreznieto B, Lópezpalacios L. Determinants

of default in P2P lending [J]. Plos One, 2015, 10 (10): e0139427.

[97] Shen D, Krumme C, Lippman A. Follow the profit or the herd? Exploring social effects in peer-to-peer lending [C] // Proceedings of the 2010 IEEE Second International Conference on Social Computing (SOCIALCOM '10), Minneapolis, Minnesota, USA, August 20 –22, 2010: 137 –144.

[98] Simonsohn U, Ariely D. When rational sellers face nonrational buyers: Evidence from herding on eBay [J]. Management Science, 2008, 54 (9): 1624 –1637.

[99] Song Y, Zhuang Z, Li H, et al. Real-time automatic tag recommendation [C] // Proceedings of the 31st annual international ACM SIGIR conference on Research and development in information retrieval (SIGIR '08), Singapore, July 20 –24, 2008: 515 –522.

[100] Stepanova M, Thomas L. Survival analysis methods for personal loan data [J]. Operations Research, 2002, 50 (2): 277 –289.

[101] Tao Q, Wang J. A new fuzzy support vector machine based on the weighted margin [J]. Neural Processing Letters, 2004, 20 (3): 139 –150.

[102] Thomas L C. Consumer credit models: Pricing, profit, and portfolios [M]. London: Oxford University Press, 2009.

[103] Wang H, Greiner M, Aronson J E. People-to-People lending: The emerging E-Commerce transformation of a financial market [M] // Value Creation in E-Business Management. Springer Berlin Heidelberg, 2009: 182 –195.

[104] Wang X, Zhang D, Zeng X, et al. A bayesian investment model for online P2P lending [J]. Communications in Computer and Information Science, 2013, 401: 21 –30.

[105] Wiginton J C. A note on the comparison of logit and discriminant

models of consumer credit behavior [J]. Journal of Financial and Quantitative Analysis, 1980, 15 (3): 757 –770.

[106] Xia M, Huang Y, Duan W, et al. Research note-to continue sharing or not to continue sharing? An empirical analysis of user decision in Peer-to-Peer sharing networks [J]. Information Systems Research, 2012, 23 (1): 247 –259.

[107] Xu Y, Qiu J, Lin Z. How does social capital influence online P2P lending? A cross-country analysis [C] // Proceedings of the 2011 Fifth International Conference on Management of e-Commerce and e-Government (ICMECG '11), Hubei, China, November 5 –6, 2011: 238 –245.

[108] Yum H, Lee B, Chae M. From the wisdom of crowds to my own judgment in microfinance through online peer-to-peer lending platforms [J]. Electronic Commerce Research and Applications, 2012, 11 (5): 469 –483.

[109] Zhang B, Huang C, Yan J. Bottom-up trie structure for P2P live streaming [C] // 2012 IEEE International Conference on Communications (ICC), Ottawa, ON, Canada, June 10 –15, 2012: 1991 –1995.

[110] Zhang J, Liu P. Rational herding in microloan markets [J]. Management Science, 2012, 58 (5): 892 –912.

[111] Zhang K, Chen X X. Herd in a P2P lending market: Rational inference or irrational trust [J]. Electronic Commerce Research & Applications, 2017: 45 –53.

[112] Zhang Y, Xiao G, Jia H. The Scoring Matrix Generation Method and Recommendation Algorithm in P2P Lending [C] // 2017 IEEE World Congress on Services (SERVICES), Honolulu, HI, USA, June 25 – 30, 2017, 1: 86 –89.

[113] Zhao H K, Wu L, Liu Q, et al. Investment recommendation in P2P lending: A portfolio perspective with risk management [C] // Proceedings of the 2014 IEEE International Conference on Data Mining (ICDM '14), Shenzhen, China, December 14 – 17, 2015: 1109 – 1114.

[114] Zhao H, Liu Q, Wang G, et al. Portfolio selections in P2P lending: A multi-objective perspective [C] // Proceedings of the 22nd ACM SIGKDD International Conference on Knowledge Discovery and Data Mining (KDD '16), San Francisco, California, USA, August 13 – 17, 2016: 2075 – 2084.

[115] Zheng H, Li D, Wu J, et al. The role of multidimensional social capital in crowdfunding: A comparative study in China and US [J]. Information & Management, 2014, 51 (4): 488 – 496.